Schaum's Foreign Language Series

TURISMO
Y
HOSTELERIA

LECTURAS Y VOCABULARIO

EN ESPAÑOL

Conrad J. Schmitt

Protase E. Woodford

310 S. Peoria St. Ste. 512
Chicago, Il 60607 3534

Phone 312-226-6294
Fax   312-226-6405

McGraw-Hill, Inc.
New York   St. Louis   San Francisco   Auckland
Bogotá   Caracas   Lisbon   London   Madrid   Mexico   Milan
Montreal   New Delhi   Paris   San Juan   Singapore
Sydney   Tokyo   Toronto

Sponsoring Editors: John Aliano, Meg Tobin
Production Supervisor: Kathy Porzio
Editing Supervisor: Patty Andrews
Cover Design: Wanda Siedlecka
Cover Illustration: Jane Sterrett
Text Design and Composition: Suzanne Shetler/Literary Graphics
Art: Graphic Connexions, Inc.
Printer and Binder: R.R. Donnelley and Sons Company

TURISMO Y HOSTELERIA

1 2 3 4 5 6 7 8 9 10 11 12 13 14 15 DOC DOC 9 8 7 6 5 4 3 2

ISBN 0-07-056816-2

Library of Congress Cataloging-in-Publication Data
Schmitt, Conrad J.
  Turismo y hostelería: lecturas y vocabulario en español /
Conrad J. Schmitt, Protase E. Woodford.
      p.   cm. — (Schaum's foreign language series)
  Includes index.
  ISBN 0-07-056816-2
  1. Spanish language — Readers — Tourist trade.   2. Spanish language — Readers —
Hospitality industry.   3. Spanish language — Business Spanish.   4. Spanish
language — Textbook for foreign speakers — English.   5. Tourist trade.   6. Hospitality
industry.
  I. Woodford, Protase E.   II. Title.   III. Series.
PC4127.T68S45   1993
488.2'421024647 — dc20   92-14176
                                                                CIP

ABOUT THE AUTHORS

Conrad J. Schmitt

Mr. Schmitt was Editor-in-Chief of Foreign Language, ESL, and Bilingual Publishing with McGraw-Hill Book Company. Prior to joining McGraw-Hill, Mr. Schmitt taught languages at all levels of instruction from elementary school through college. He has taught Spanish at Montclair State College, Upper Montclair, New Jersey; French at Upsala College, East Orange, New Jersey; and Methods of Teaching a Foreign Language at the Graduate School of Education, Rutgers University, New Brunswick, New Jersey. He also served as Coordinator of Foreign Languages for the Hackensack, New Jersey, Public Schools. Mr. Schmitt is the author of many foreign language books at all levels of instruction, including the communicating titles in Schaum's Foreign Language Series. He has traveled extensively throughout Spain, Mexico, the Caribbean, Central America, and South America. He presently devotes his full time to writing, lecturing, and teaching.

Protase E. Woodford

Mr. Woodford was Director of the Foreign Languages Department, Test Development, Schools and Higher Education Programs Division, Educational Testing Service, Princeton, New Jersey. He has taught Spanish at all academic levels. He has also served as Department Chairman in New Jersey high schools and as a member of the College Board Spanish Test Committee, the Board of Directors of the Northeast Conference on the Teaching of Foreign Languages, and the Governor's Task Force on Foreign Languages and Bilingual Education (NJ). He has worked extensively with Latin American, Middle Eastern, and Asian ministries of education in the areas of tests and measurements and has served as a consultant to the United Nations, the World Bank, and numerous state and federal government agencies. He was Distinguished Visiting Linguist at the United States Naval Academy in Annapolis (1987-88) and Visiting Professor at the Fundación José Ortega y Gasset in Gijón, Spain (1986). Mr. Woodford is the author of many high school and college foreign language textbooks, including the communicating titles in Schaum's Foreign Language Series. He has traveled extensively throughout Spain, Mexico, the Caribbean, Central America, South America, Europe, Asia, and the Middle East.

☰ PREFACE

The purpose of this book is to provide the reader with the vocabulary needed to discuss the fields of Tourism and Hotel Management in Spanish. It is intended for the person who has a basic background in the Spanish language and who wishes to be able to converse in this language in his or her field of expertise. The book is divided into two parts—Part One, Tourism and Part Two, Hotel Management. The content of each chapter focuses on a major area or topic relative to each of these fields. The authors wish to stress that it is not the intent of the book to teach Tourism or Hotel Management. The intent of the book is to teach the lexicon or vocabulary needed to discuss the fields of Tourism and Hotel Management in Spanish. It is assumed that the reader has learned about these fields either through college study or work experience.

The specific field-related vocabulary presented in this book is not found in basic language textbooks. This book can be used as a text in a specialized Spanish course for Tourism and Hotel Management. The book can also be used by students studying a basic course in Spanish who want to supplement their knowledge of the language by enriching their vocabulary in their own field of interest or expertise. This adds a useful dimension to language learning. It makes the language a valuable tool in the modern world of international communications and commerce. Since the gender of nouns related to professions in the romance languages involves grammatical changes that are sometimes quite complicated, we have, for the sake of simplicity, used the generic **el** form of nouns dealing with professions.

Using the Book

If a student uses the book on his or her own in some form of individualized study or leisurely reading, the following procedures are recommended to obtain maximum benefit from the book.

Since the specific type of vocabulary used in this book is not introduced in regular texts, you will encounter many unfamiliar words. Do not be discouraged. Many of the words are cognates. A cognate is a word that looks and may mean the same in both Spanish and English but is, in most cases, pronounced differently. Examples of cognates are **el hotel** and **la vacación.** You should be able to guess their meaning without difficulty, which will simplify your task of acquiring a new lexicon.

Before reading the chapter, proceed to the exercises that follow the reading. First, read the list of cognates that appears in the chapter. This cognate list is the first exercise of each chapter. Then look at the cognate exercises to familiarize yourself with them.

Continue by looking at the matching lists of English words and their Spanish equivalents. These matching lists present words that are not cognates, that is, those words that have no resemblance to one another in the two languages. Look at the English list only. The first time you look at this exercise you will not be able to determine the Spanish equivalent. The purpose of looking at the English list is to make you aware of the specific type of vocabulary you will find in reading the chapter. After having looked at the English list, read the Spanish list; do not try to match the English-Spanish equivalents yet.

After you have reviewed the cognates and the lists of English words, read the chapter quickly. Guess the meanings of words through the context of the sentence. After having read the chapter once, you may wish to read it again quickly.

After you have read the chapter once or twice, attempt to do the exercises. Read the chapter once again, then complete those exercises you were not able to do on the first try. If you cannot complete an exercise, check the answer in the Answer Key in the Appendix. Remember that the exercises are in the book to help you learn and use the words; their purpose is not to test you.

After going over the exercises a second time, read the chapter again. It is not necessary for you to retain all the words; most likely, you will not be able to. However, you will encounter many of the same words again in subsequent chapters. By the time you have finished the book, you will retain and be familiar with enough words to enable you to discuss the fields of Tourism and Hotel Management in Spanish with a moderate degree of ease.

If there is a reason for you to become expert in carrying on legal or penal discussions in Spanish, it is recommended that you reread the book frequently. It is more advantageous to read and expose yourself to the same material often. Do not attempt to study a particular chapter arduously until you have mastered it. In language acquisition, constant reinforcement is more beneficial than tedious, short-term scrutiny.

In addition to the vocabulary exercises, there is a series of comprehension exercises in each chapter. These comprehension exercises will provide you with an opportunity to discuss on your own tourism and hotel matters and enable you to use the new vocabulary you just learned.

If you are interested in fields other than Tourism and Hotel Management, you will find, on the back cover of this book, a complete list of the titles and the fields available to you.

☰ CONTENTS

PRIMERA PARTE: TURISMO

SEGUNDA PARTE: HOSTELERIA

Primera parte
TURISMO

Capítulo 1
TURISMO Y VIAJES

Los términos «turismo» y «viajes» son, para el público en general, casi sinónimos. Hay que enfocar en donde se quiere ir, o por lo menos tener una idea general del tipo de lugar adonde se quiere viajar. Por eso hay que tener alguna noción de la geografía. Hay muchas personas que odian[1] la geografía, que se acuerdan de mapas que tenían que aprender de memoria y de países cuyos nombres eran imposibles de pronunciar, de unos conocimientos totalmente inútiles. La verdad es que la geografía es mucho más para quienes aman viajar. El conocimiento[2] de la geografía es esencial para toda persona que tenga interés en la industria del turismo. Se trata no solamente de conocer las diferentes regiones del mundo, su topografía y su clima, sino también de conocer los diferentes grupos étnicos que pueblan esas regiones, sus culturas y sus religiones.

La Tierra y sus divisiones

La Tierra es un planeta con forma esférica ligeramente aplanada[3] en las regiones polares. Su circunferencia ecuatorial es de 40.076 kilómetros y la circunferencia pasando por los polos es de 40.009 kilómetros. La superficie[4] de la Tierra es de 510.101.000 kilómetros cuadrados. La Tierra se divide en dos hemisferios separados por el ecuador.

Los siete continentes son Asia, Africa, la América del Norte, la América del Sur, la Antártida, Europa y Oceanía. Los océanos son el Pacífico, el Atlántico, el Indico y el Artico. Los grandes desiertos del mundo son los siguientes: (1) Africa—Sahara, Libia, Nubia (Sudán), Arábigo (Egipto) y el Kalahari; (2) América del Norte—Valle de la Muerte (Colorado/EE.UU.), Vizcaíno (México); (3) América del Sur—Atacama (Chile), Sechura (Perú); (4) Asia—el Gobi (Mongolia/China), Takla Makán (China), Thar (India/Pakistán), Kara Kum, Kizil Kum (CEI); (5) Medio Oriente—de Arabia (Arabia Saudí/Irak/Siria), Siria (Siria), Kavir (Irán).

Los principales mares son los siguientes: (1) del Océano Pacífico—Mar del Coral, Mar de la China Meridional, Mar de Bering, Mar de Ojotsk, Mar del Japón, Mar de la China Oriental, Mar de Java, Mar Amarillo; (2) del Océano Atlántico—Mar Mediterráneo, Mar Caribe, Mar del Norte, Mar Báltico, Mar Negro, Mar de Azov, Mar de Mármara; (3) del Océano Indico—Mar de Arabia, Golfo de Bengala, Mar de Timor, Mar Rojo; (4) del Océano Glacial Artico—Mar de Barents, Mar de Siberia Oriental, Mar de Kara, Mar Blanco; (5) del Océano Glacial Antártico—Mar de Weddell, Mar de Ross.

---

[1]*hate* [2]*knowledge* [3]*flat* [4]*surface*

Los principales lagos son: (el Mar) Caspio (CEI/Irán), Superior (EE.UU./Canadá), Victoria (Africa), Aral (CEI), Hurón (Canadá/EE.UU.), Michigan (EE.UU.), Tanganica (Tanzanía/Zaire/Burundi/Zambia), Oso Grande (Canadá) y Baikal (CEI).

Los ríos más largos son: el Nilo (Africa), el Amazonas-Ucayali (América del Sur), Yangtse o Río Azul (Asia), el Obi-Irtish (Asia), el Hoang o Río Amarillo (Asia) y el Misuri-Misisipí (América del Norte).

Las montañas más altas son: Everest, Kanchenjunga, Lhotse, Makalu, Dhaulaghiri, Nanga Parbat y Annapurna, todas en la Cordillera Himalaya; K2 y Gasherbrum en la Cordillera Karakorum; Pobedi, Illimani, Ojos del Salado, Bonete, Huascarán, Cotopai y Chimborazo en los Andes de Suramérica; McKinley en Alaska. En Europa el pico más alto es Mont-Blanc en los Alpes. El pico más alto de España es el Mulhacén en la Sierra Nevada. Orizaba y Popocatépetl son los picos más altos de México.

Los climas del mundo

El clima de una región varía según la latitud, es decir, la distancia entre esta región y el ecuador. La altitud o altura sobre el nivel del mar, las corrientes oceánicas como la Corriente del Golfo y los vientos, todos influyen en el clima.

CLIMAS

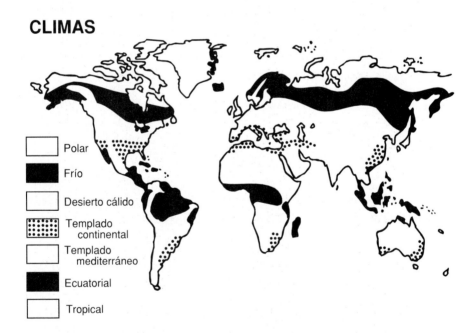

- Polar
- Frío
- Desierto cálido
- Templado continental
- Templado mediterráneo
- Ecuatorial
- Tropical

Los husos horarios

La hora varía de una región a otra. La Tierra se divide en zonas horarias que se llaman «husos horarios». La hora 0, o la hora de Greenwich (Inglaterra), es la clave[5] para calcular los husos horarios. Cada huso se calcula como + o − Greenwich y tiene una extensión de 15 grados. Nueva York, por ejemplo, es hora Greenwich −5; Tokio es +10. Cada huso al oeste de Greenwich es una hora más temprano. Cada huso al este es una hora más tarde. La línea de cambio de fecha es, como su nombre indica, el huso donde la fecha cambia. Es el huso +/− 12 de Greenwich. Queda en el Océano Pacífico entre la Siberia y Alaska y un poco al este de Nueva Zelandia. Está aproximadamente a 180º.

---

[5]key

ESTUDIO DE PALABRAS

Ejercicio 1   Study the following cognates that appear in this chapter.

el turismo	la definición	la extensión
el público	el planeta	la zona
la idea	la forma	
el tipo	la circunferencia	general
la noción	el polo	esencial
la geografía	el kilómetro	étnico
el mapa	el hemisferio	esférico
la industria	el ecuador	polar
la región	el continente	ecuatorial
la topografía	el océano	difercntc
el clima	el desierto	
el grupo	la latitud	variar
la cultura	la altitud	calcular
la religión	la longitud	

Ejercicio 2   Match the word in Column A with its equivalent in Column B.

A	B
1. la noción	a. necesario, indispensable
2. esencial	b. cambiar, presentar diferencias
3. variar	c. la región
4. la zona	d. la idea
5. diferente	e. distinto

Ejercicio 3   Select the appropriate word that identifies each place.

un océano	unas montañas
un mar	un pico
un desierto	un planeta
un continente	un río

1. el Sahara
2. los Pirineos

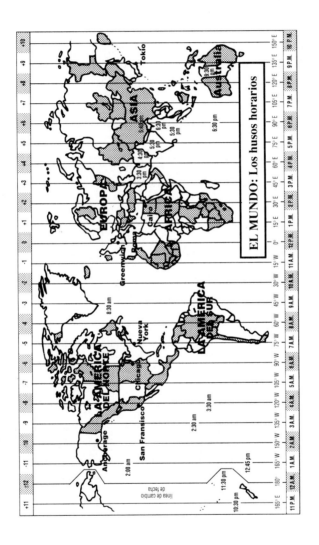

3. los Andes
4. el Mediterráneo
5. el Atlántico
6. el Caribe
7. el Amazonas
8. el Atacama
9. la Tierra
10. el Misisipí
11. Mont-Blanc
12. el Popocatépetl

Ejercicio 4   Complete each statement with the appropriate word(s).
1. El islamismo, el hebraísmo (el judaísmo) y el cristianismo son
   _____.
2. El clima varía de una _____ a otra.
3. Se mide la _____ de las montañas y la _____ entre una zona y
   otra.
4. La Tierra es un planeta con forma esférica dividida en dos _____.
5. _____ es el conjunto de estructuras sociales y religiosas que
   caracterizan una sociedad.
6. _____ es el conjunto de fenómenos meteorológicos que caracterizan
   una región.

Ejercicio 5   Find the following on the globe.
1. el polo
2. el ecuador
3. la latitud
4. la longitud

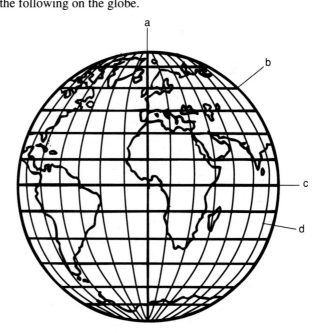

Ejercicio 6   Match the English word or expression in Column A with its Spanish equivalent in Column B.

A	B
1. place	a. el país
2. to travel	b. el lugar
3. country	c. la Tierra
4. to populate	d. el mundo
5. world	e. el huso horario
6. sea	f. la corriente
7. earth	g. el mar
8. lake	h. el río
9. river	i. la superficie
10. sea level	j. el lago
11. current	k. poblar
12. surface	l. viajar
13. time zone	m. el nivel del mar

Ejercicio 7   Complete each statement with the appropriate word(s).

1. Madrid es la capital y España es el _____.
2. El _____ Mediterráneo está al sur y al este de España.
3. El Amazonas es el _____ más largo de la América del Sur.
4. Los ríos, los mares y los océanos tienen _____.
5. Machu Picchu en el Perú es un _____ de interés arqueológico por sus ruinas incaicas precolombinas.
6. La _____ de la Tierra es de 510.101.000 km^2.
7. Hay siete continentes en el _____.
8. El _____ Titicaca es el lago más alto del _____. Está en los Andes entre el Perú y Bolivia.
9. Cuzco, una ciudad cerca de Machu Picchu, está a una altura de 3.467 metros sobre el _____.
10. Nueva York está en _____ EST, es decir, Greenwich -5.
11. Le gusta mucho _____ y visitar el mundo. Siempre está de viaje.
12. Mucha gente de ascendencia india _____ los países de México, Guatemala, el Perú, el Ecuador y Bolivia.

COMPRENSION

Ejercicio 1   Answer.

1. ¿Por qué es esencial un conocimiento de la geografía para el que tiene interés en la industria del turismo?
2. ¿De qué trata la geografía?
3. ¿Cuáles son los siete continentes?
4. ¿Por qué varía el clima de una región a otra?
5. ¿Dónde queda el huso donde la fecha cambia?

Ejercicio 2   True or false?
1. La Tierra es un continente.
2. La Tierra es un planeta.
3. La Tierra se divide en dos hemisferios.
4. El polo separa los dos hemisferios.
5. Hay siete continentes en el mundo.
6. La latitud es la distancia del ecuador.

Ejercicio 3   Identify each place.
1. el Sahara
2. el Indico
3. el Rojo y el Negro
4. Australia
5. el Victoria
6. el Nilo
7. Everest
8. la Corriente del Golfo

Ejercicio 4   Identify each place and state where it is located.
1. el Atacama
2. el Orizaba
3. el Amazonas
4. el Caribe
5. los Andes
6. el Titicaca

Capítulo 2
LA INDUSTRIA DEL TURISMO

El turismo es una industria que comprende una variedad de servicios: servicios de viajes, de alojamiento y de información. La industria también emplea la investigación para conocer las razones por las que la gente viaja y como los viajes afectan a los viajeros.

Un poco de historia

La palabra «turismo» viene de «turista» cuyo origen es la palabra inglesa *tourist*. En el siglo XVIII *the tour* era el viaje de rigor para todo joven aristócrata británico que quería perfeccionar su educación.

No existe una definición de «turista» universalmente aceptada. La Unión internacional de organizaciones oficiales de turismo (UIOOT), con 102 países y 83 organizaciones nacionales o internacionales como socios con fines estadísticos, define al turista como «cualquier persona que viaja por placer y se queda fuera de su domicilio por más de 24 horas pero menos de un año». No obstante, la mayoría de los países no aceptan esta definición. España y los países escandinavos, por ejemplo, llaman «turista» a cualquier persona que cruza sus fronteras. Para los suizos, los turistas son solamente aquellas personas que son huéspedes de hoteles, pensiones o albergues de turismo. Los miles de personas que van de camping en Suiza no se consideran turistas. En Francia, en 1963, se adoptó la siguiente definición de turismo: «cualquier estancia de cuatro días o más fuera del domicilio habitual».

La profesión

Hoy en día, gracias al elevado nivel de vida, la extensión de las vacaciones de verano y, sobre todo en Europa, el éxito de las vacaciones de invierno, el turismo es una industria que da empleo a muchas personas. Al pensar en turismo, lo primero que viene a la mente es «agencia de viajes». Pero este término muy general comprende una variedad de organismos cuyas funciones y tareas[1] son bastante diferentes. Los principales operadores en la industria de turismo son los siguientes.

---

[1] *tasks, jobs*

• **Los operadores de tours**   Los operadores de tours o *tour operators* son los «mayoristas» de la industria. Ellos organizan los viajes y los venden directamente al consumidor o por medio de una red de agencias. Igual pueden organizar unos viajes «a la medida»[2] para grupos o individuos. Uno de los *tour operators* más conocidos es el Club Mediterráneo. Sus representantes se encargan de hacer que se conozca su producto por medio de folletos descriptivos que entregan a los detallistas, que son las agencias distribuidoras, o por medio de visitas a empresas y asociaciones que pueden demandar viajes a la medida. Es una tarea comercial que exige un profundo conocimiento del producto y todas las cualidades de buen vendedor.

• **Las asociaciones profesionales y fraternales**   Estas asociaciones hacen el mismo trabajo que los operadores de tours, pero son organizaciones sin fines lucrativos[3].

• **Las agencias distribuidoras**   Las agencias distribuidoras son los detallistas que se encargan de informar sobre los productos turísticos y de venderlos. Las agencias son muchas y de muchos tamaños[4]. Tienen empleados de mostrador que atienden a los futuros turistas y que mayormente se encargan de despachar billetes de avión, de ferrocarril o de vapor.

• **Las agencias de recepción**   Estas agencias tienen el cargo de recibir a los extranjeros cuando llegan. El personal de estas agencias debe ser, y casi siempre es, multilingüe.

• **Las líneas aéreas**

• **Los ferrocarriles**

• **La hostelería** (que es el tema de la segunda parte de este libro)   Hoy, a pesar de que el hotel sigue siendo la forma más común de alojamiento turístico invernal por razones obvias, se han desarrollado nuevos tipos de albergue como el camping, las caravanas y los centros de vacaciones sindicales. Igual que los hoteles, los camping tienen sus estrellas o categorías. Lo más lujoso es el camping de caravanas; algunas caravanas son verdaderas mansiones sobre ruedas. Los sindicatos, o uniones de obreros en Europa, por ejemplo, proveen a sus miembros pueblos de veraniego, donde familias enteras pueden pasar sus vacaciones a un costo muy reducido.

Las industrias relacionadas con el turismo

Las industrias que se dedican a la fabricación del equipo de camping, la confección[5] de ropa de playa o de esquí, etc., también son operadores importantes en la industria del turismo.

El turismo es una industria con un impacto importante no sólo sobre los que van de vacaciones y sobre aquellos que los atienden, sino también sobre gran número de otras personas de manera directa e indirecta.

---

[2] *made to order for*   [3] *nonprofit*   [4] *sizes*   [5] *production, making*

ESTUDIO DE PALABRAS _____

Ejercicio 1   Study the following cognates that appear in this chapter.

la agencia	las vacaciones	universal
la industria	el organismo	nacional
el turismo	la función	internacional
la variedad	el operador	habitual
el servicio	el tour	distribuidor
la información	el consumidor	reducido
la educación	la asociación	profundo
la definición	el costo	profesional
la organización	la cualidad	multilingüe
el domicilio	el personal	
la frontera	la línea aérea	afectar
el hotel	la recepción	perfeccionar
la pensión	la categoría	existir
el camping	la profesión	organizar

Ejercicio 2   Complete each expression with the appropriate word.

1. travel agency   la _____ de viajes
2. distribution agency   la _____ distribuidora
3. habitual domicile   el domicilio _____
4. summer vacation   las _____ de verano
5. tourist industry   la _____ del turismo
6. airline   la _____ aérea
7. reduced cost   el _____ reducido
8. tour operator   el _____ de tours

Ejercicio 3   Give the word being defined.

1. el conjunto de empleados
2. que habla varios idiomas
3. el uso, el rol
4. del país, doméstico, no extranjero
5. de varios países
6. una línea entre dos países o naciones
7. de siempre, usual, normal
8. el oficio, el trabajo, la carrera

Ejercicio 4   Match the verbs in Column A with related nouns in Column B.

A	B
1. variar	a. la perfección
2. investigar	b. el consumidor, el consumo
3. afectar	c. la investigación
4. perfeccionar	d. la educación
5. educar	e. la variedad

6. organizar   f. el costo
7. consumir   g. el afecto
8. costar   h. la organización

Ejercicio 5 Match the English word or expression in Column A with its Spanish equivalent in Column B.

A	B
1. lodging	a. cruzar
2. pleasure	b. el nivel de vida
3. stay, sojourn	c. el huésped
4. standard of living	d. la red
5. network	e. veraniego
6. to cross	f. invernal
7. guest	g. el alojamiento
8. inn	h. el detallista
9. pertaining to summer	i. el placer
10. pertaining to winter	j. el mayorista
11. retailer	k. la estancia
12. wholesaler	l. el albergue

Ejercicio 6 Complete each statement with the appropriate word(s).
1. _____ es bastante elevado (alto) en la mayoría de los países industrializados.
2. Una _____ de tres días en un hotel no es larga.
3. El que vende en grandes cantidades o al por mayor es _____.
4. El que vende en pequeñas cantidades o al detal (al por menor) es _____.
5. El cliente de un hotel es un _____.
6. Un _____ es un tipo de hotel más bien pequeño que grande.
7. Los viajes de turismo son viajes de _____, no de negocios.
8. El hotel es la forma más común de _____.
9. Para _____ la frontera hay que tener un pasaporte.

Ejercicio 7 Give the word or expression being defined.
1. del verano
2. del invierno
3. el período de tiempo que uno permanece en un lugar
4. la manera en que vive un individuo
5. una persona que se aloja en una casa que no es suya, en una casa ajena
6. la alegría, la diversión, el entretenimiento

Ejercicio 8 Match the English word or expression in Column A with its Spanish equivalent in Column B.

A	B
1. research	a. la caravana
2. star (for rating)	b. despachar

3. trailer
4. to sell, issue (tickets)
5. steamship, boat
6. plane
7. foreigner
8. railroad
9. brochure
10. enterprise

c. la investigación
d. el folleto
e. la estrella
f. la empresa
g. el extranjero
h. el ferrocarril
i. el avión
j. el vapor

Ejercicio 9 Complete each statement with the appropriate word(s).
1. El no es de aquí. Es _____. Es de un país del Medio Oriente.
2. Una gran compañía o sociedad es una _____.
3. Un hotel que tiene cinco _____ es de alta categoría o de lujo.
4. Un agente de viajes tiene el derecho de _____ billetes (boletos).
5. Aquí tienes un _____ turístico que describe las playas de Cozumel y Cancún.
6. Hoy en día la mayoría de los turistas viajan en _____.
7. Una _____ es una casa sobre ruedas.

Ejercicio 10 Tell what each item is.
1. AMTRAK en los Estados Unidos, RENFE en España
2. B747 o Airbus 300
3. *QE2* o *Stella Solaris*

COMPRENSION

Ejercicio 1 True or false?
1. Hay una definición exacta del término «turista».
2. La mayoría de los países utilizan o aceptan el término «turista» como lo define la UIOOT.
3. Hay sólo un número limitado de empresas que trabajan en la industria del turismo.
4. Hay sólo un tipo o una categoría de agencia de viajes.
5. Las agencias distribuidoras se encargan de informar sobre los productos turísticos y de venderlos al público.

Ejercicio 2 Select the appropriate word to complete each statement.
1. Un turista hace viajes de _____.
   a. negocios   b. placer
2. Según la UIOOT, el que viaja por placer y se queda fuera de su _____ por más de 24 horas pero menos de un año es turista.
   a. país   b. domicilio

Ejercicio 3   Answer.

1. Según la UIOOT, ¿qué es un turista?
2. ¿A quiénes se les consideran turistas en España y en los países escandinavos?
3. ¿A quiénes se les consideran turistas en Suiza?
4. ¿Cómo venden sus viajes los operadores de tours?
5. ¿Cuál es la diferencia entre un *tour operator* y una asociación?
6. ¿Qué tipo de agentes de viajes atienden con más frecuencia a los futuros turistas?
7. ¿Por qué es necesario que el personal de las agencias de recepción conozca más de un idioma?

Capítulo 3
TURISMO INTERNACIONAL

El turismo internacional no consiste simplemente en el ir y venir de personas que cruzan las fronteras. Es un fenómeno que se envuelve[1] en una red compleja de derecho internacional y de política nacional y que se somete a la aprobación de los gobiernos interesados.

Acuerdos internacionales

Para que haya turismo internacional, se requiere primero algunos acuerdos.

Reconocimiento diplomático recíproco Hay que haber reconocimiento diplomático y el establecimiento de relaciones recíprocas, es decir, que cada país reconoce la legalidad y/o la existencia del otro. El reconocimiento puede ser de facto o de jure. El reconocimiento de facto es inferior al reconocimiento de jure. Cuando una revolución ocurre y un gobierno es derrocado[2], se le da al nuevo gobierno un reconocimiento de facto, lo cual indica que se lo reconoce como dirigente del país. Un reconocimiento de jure indica que el gobierno del país es reconocido como el poder legal y legítimo del Estado. Si no existe el reconocimiento diplomático recíproco, no puede haber turismo entre los dos países. Por ejemplo, los EE.UU. se niega a hacer válidos los pasaportes norteamericanos para viajes a aquellos países que están en guerra, a aquellos países donde hay conflictos armados y a aquellos países donde la presencia del viajero podría estar en conflicto con los intereses nacionales.

Acuerdos comerciales En general, la primera cosa que se hace al establecer las relaciones con otro país es negociar un tratado comercial. Estos tratados son como un contrato de matrimonio; se definen las responsabilidades y los privilegios de las dos partes interesadas. Entre los privilegios, los más importantes son la protección y la seguridad mutuas de los viajeros.

Derechos y responsabilidades consulares Las relaciones entre las naciones están a cargo de los agentes del gobierno y sus responsabilidades están determinadas por acuerdo mutuo. Típicamente, las relaciones diplomáticas se inician con el intercambio de agentes consulares. Los cónsules norteamericanos, por ejemplo, tienen las siguientes responsabilidades: (1) proteger a los súbditos estadounidenses en el extranjero, (2) ayudar a los norteamericanos en apuros o en peligro en el extranjero, (3) promover los intereses norteamericanos en el

---

[1]*involves* [2]*overthrown, brought down*

extranjero, (4) informar sobre accidentes que involucran[3] la aviación civil de los EE.UU., (5) informar sobre accidentes que involucran la marina[4] de los EE.UU. y (6) proveer los documentos necesarios a los turistas que desean visitar los EE.UU.

Acuerdos sobre los visados Casi todos los países ahora requieren un visado emitido por un agente consular que indica que el interesado tiene derecho de entrar en el país. Pero hay excepciones. Los súbditos de países miembros de la Comunidad Europea pueden viajar libremente por todos los países de la Comunidad. Además, los nacionales de los países miembros de la Comunidad tampoco necesitan visado para entrar en los EE.UU.

Acuerdos sobre el transporte aéreo El transporte aéreo entre los diferentes países se rige[5] por acuerdos mutuos. Hoy los EE.UU. tiene acuerdo con más de 60 naciones. Estos acuerdos se basan en los «Principios de Bermudas», un acuerdo firmado en 1946 entre los EE.UU. y Gran Bretaña. En general, este tipo de acuerdo no impone ninguna restricción ni límite a la frecuencia de vuelos.

Política financiera y comercial El turismo internacional también se ve influenciado por la política financiera y comercial de los gobiernos. El turismo internacional es una importación o una exportación. Por ejemplo, la compra de servicios turísticos en México por norteamericanos resulta en una salida de divisas en los EE.UU. y un ingreso de divisas norteamericanas en México. En términos contables, es un debe o débito para Norteamérica, una importación de servicios. Por lo contrario, la compra de bienes y servicios turísticos en los EE.UU. por extranjeros es un haber o crédito para los EE.UU. y un ingreso, una exportación de bienes y servicios.

Los países que muestran un déficit en el balance comercial, los que importan más de lo que exportan, deben tomar medidas[6] para equilibrar el balance de pagos. Cuando se trata de productos, se pueden tomar las siguientes medidas: (1) imponer aranceles a las importaciones. Los aranceles tienen un doble efecto; recaudan fondos para el gobierno y reducen las importaciones. (2) imponer cuotas a la importación de ciertos productos. Las cuotas limitan la cantidad que se permite importar de determinado producto.

Se pueden tomar medidas análogas para el turismo. Se puede imponer un impuesto sobre todas las divisas que los ciudadanos compran para viajar al extranjero. Se puede también gravar un impuesto sobre los billetes de avión para viajes al exterior. También se puede imponer un impuesto alto para el uso de un aeropuerto internacional o subir sustanciosamente el precio de los pasaportes. Como en el caso de las cuotas, se puede limitar el monto de divisas que los ciudadanos pueden sacar del país. Igualmente se puede limitar el monto de moneda nacional que se les permite sacar[7] del país para cambiar por divisas en el extranjero. Y se puede prohibir o limitar el uso de tarjetas de crédito en el extranjero.

Con todo, el turismo es una de las pocas industrias que todo país, no importa el tipo de gobierno que tenga, hace todo lo posible para promover y desarrollar en un ambiente de feroz competencia internacional.

---

[3]*involve* [4]*navy* [5]*is regulated, governed by* [6]*take measures* [7]*take out*

ESTUDIO DE PALABRAS

Ejercicio 1 Study the following cognates that appear in this chapter.

el turismo	la comunidad	internacional
la frontera	el transporte	nacional
el fenómeno	la restricción	complejo
la aprobación	el límite	diplomático
el gobierno	la frecuencia	recíproco
el establecimiento	la importación	de facto
la relación	la exportación	de jure
la legalidad	el débito	armado
la existencia	el crédito	comercial
la revolución	el déficit	mutuo
el conflicto	el balance	civil
la presencia	el producto	europeo
el interés	los fondos	económico
el contrato	la cuota	aéreo
la responsabilidad	la cantidad	financiero
el privilegio	el aeropuerto	
la protección	el pasaporte	consistir
el agente	el documento	negociar
el cónsul	la competencia	influenciar
la promoción		exportar
la aviación		importar
el visado		imponer
la visa		reducir

Ejercicio 2 Complete each expression with the appropriate word(s).

1. reciprocal diplomatic recognition — el reconocimiento _____ recíproco
2. armed conflict — el _____ armado
3. national interest — el interés _____
4. mutual protection — la _____ mutua
5. mutual agreement — el acuerdo _____
6. civil aviation — la _____ civil
7. European Economic Community — la _____ Europea _____
8. government agent — el _____ del gobierno
9. balance of payments — el _____ de pagos
10. trade balance — el _____ comercial
11. air transport — el _____ aéreo
12. international airport — el aeropuerto _____
13. international law — el derecho _____
14. national policy — la política _____

Ejercicio 3   Match the verbs in Column A with related nouns in Column B.

A	B
1. aprobar	a. el interés
2. reconocer	b. el límite
3. establecer	c. el reconocimiento
4. existir	d. la promoción
5. interesar	e. la imposición
6. negociar	f. la aprobación
7. proteger	g. la importación
8. promover	h. la existencia
9. restringir	i. la competencia
10. limitar	j. la exportación
11. influenciar	k. la influencia
12. importar	l. la protección
13. exportar	m. el establecimiento
14. imponer	n. la restricción
15. reducir	o. la negociación
16. competir	p. la reducción

Ejercicio 4   Match the word or expression in Column A with its equivalent in Column B.

A	B
1. el débito	a. bajar
2. el crédito	b. el debe
3. complejo	c. el haber
4. recíproco	d. el dinero
5. el conflicto	e. la batalla
6. los fondos	f. mutuo
7. reducir	g. difícil, complicado
8. al exterior	h. al extranjero

Ejercicio 5   Match the word in Column A with its opposite in Column B.

A	B
1. el débito	a. unilateral
2. nacional	b. fácil, sencillo
3. mutuo	c. el desacuerdo
4. la exportación	d. el crédito
5. legítimo	e. la responsabilidad
6. complejo	f. internacional
7. la presencia	g. ilegítimo
8. el privilegio	h. la importación
9. el acuerdo	i. el superávit
10. reducir	j. la ausencia
11. el déficit	k. aumentar

Ejercicio 6   Match the English word or expression in Column A with its Spanish equivalent in Column B.

A	B
1. coming and going	a. la parte
2. law, right	b. el ciudadano
3. policy; politics	c. el ir y venir
4. agreement, accord	d. desarrollar
5. treaty	e. el derecho
6. party	f. la política
7. security	g. la seguridad
8. national	h. el súbdito
9. in danger	i. el acuerdo
10. to issue	j. el tratado
11. to develop	k. emitir
12. citizen	l. en apuros, en peligro

Ejercicio 7   Complete each statement with the appropriate word(s).

1. En un país libre no es necesario vigilar el _____ y _____ de los turistas ni el de los _____.
2. Hay acuerdos entre los gobiernos de diferentes países para proteger y asegurar la _____ de la gente que, por una razón u otra, se encuentra en el extranjero.
3. El gobierno tiene la responsabilidad de proteger los derechos y la seguridad de sus _____.
4. El cónsul tiene el derecho de _____ un visado (una visa).
5. La _____ de un país depende de su sistema de gobierno.
6. La embajada ayuda a los _____ de su país que se encuentran en _____ en un país extranjero.
7. Un _____ es un tipo de acuerdo entre dos países.
8. Todas las _____ interesadas tienen que firmar un contrato, un acuerdo o un tratado para que sea válido.
9. Están construyendo más hoteles porque quieren _____ el turismo.

Ejercicio 8   Match the English word or expression in Column A with its Spanish equivalent in Column B.

A	B
1. exchange	a. el arancel
2. flight	b. el monto
3. outflow of currency	c. la salida de divisas
4. income	d. recaudar
5. accounting (adj.)	e. el intercambio
6. to balance	f. la divisa
7. balance of payments	g. el impuesto
8. trade balance	h. el vuelo
9. tariff, duty	i. el ingreso

10. to collect	j. contable
11. tax	k. el balance de pagos
12. to levy	l. el balance comercial
13. total, amount	m. equilibrar
14. foreign currency	n. gravar

Ejercicio 9   Complete each statement with the appropriate word(s).

1. El peso (Argentina), el inti (Perú), el bolívar (Venezuela), el quetzal (Guatemala) y el peso (México) son _____.
2. Más exportaciones que importaciones resultan en una _____ y un _____ negativo.
3. Para tratar de _____ el balance de pagos hay que tener más exportaciones.
4. El gobierno tiene el derecho de _____ y _____ impuestos.
5. Los _____ son impuestos gravados sobre productos importados.
6. El _____ es el dinero que uno recibe o gana de su salario, sus intereses, etc.
7. Hay tres _____ cada día entre Nueva York y Madrid.

Ejercicio 10   Give the word being defined.

1. la suma, el total
2. lo contrario de «egreso»
3. lo contrario de «pagar», «contribuir»
4. imponer un impuesto
5. la tarifa

COMPRENSION _____

Ejercicio 1   True or false?

1. El derecho internacional no tiene nada que ver con el turismo.
2. Si el reconocimiento diplomático recíproco no existe entre dos países, no puede haber turismo entre los dos países.
3. El gobierno de los Estados Unidos les dará a sus ciudadanos un pasaporte para viajar a cualquier país del mundo.
4. Los agentes consulares pueden emitir visados cuando sea necesario.

Ejercicio 2   Answer.

1. ¿Qué es o qué significa el reconocimiento diplomático recíproco?
2. ¿Cuándo existe el reconocimiento de facto?
3. ¿Cuáles son algunas responsabilidades de los agentes consulares americanos?
4. ¿Qué es un visado?
5. ¿Con cuántos países tiene los Estados Unidos acuerdos sobre el transporte aéreo?
6. ¿Qué crea una salida de divisas para los Estados Unidos?

Ejercicio 3   Explain the following.

¿Cómo puede ser el turismo internacional una importación o una exportación?

Ejercicio 4   Follow the directions.

Prepare una lista de cuatro cosas que puede hacer el gobierno para tratar de disminuir el turismo al exterior.

Capítulo 4
TIPOS DE TURISMO

Se puede distinguir entre varios tipos de turismo, desde el viaje alrededor del mundo hasta la excursión a un lugar a pocos kilómetros de casa.

Turismo físico o deportivo

En el invierno se practican los deportes de la nieve como el esquí y el patinaje sobre hielo. En el verano, sobre todo, son los deportes acuáticos, la plancha de vela, la natación y el esquí acuático. Es interesante notar que todos los deportes son relacionados de alguna manera con las vacaciones y con un elemento natural: la proximidad del mar o de una montaña cubierta de nieve. Los deportes de estadio y de gimnasio o sala se desarrollaron más lentamente. En las excursiones de fin de semana, que son turismo a corto plazo, el elemento natural está siempre presente, aunque no sea más que un pretexto. Según la estación del año y el lugar, se cogen flores[1] o se sube una colina o se baña; el bosque, los riscos, los arroyos, todos son elementos naturales.

Turismo especializado

En años recientes ha aparecido el turismo especializado. Hay excursiones para los aficionados a la jardinería; visitan famosos jardines y reciben clases de jardineros expertos. Hay viajes especiales para personas que tienen interés en ver animales raros. Los cruceros a las islas Galápagos de Ecuador son un ejemplo de este tipo de turismo. Para los aficionados a los juegos de azar hay visitas a una variedad de casinos; los viajeros pueden jugar tanto en el camino como en el destino. Para los amantes de jazz hay cruceros donde los músicos tocan día y noche. Hay viajes para los que sólo tienen interés en el teatro, en la arqueología, etc. Hay excursiones especiales para los aficionados del ferrocarril donde pueden viajar en vagones antiguos renovados para estar como eran originalmente.

Turismo artístico e intelectual

Los lugares históricos y monumentales siguen siendo muy populares para el turismo. En España los turistas acuden a las catedrales góticas como las de Burgos, Toledo y Santiago de Compostela; van a los monumentos romanos como los anfiteatros y otras ruinas de Mérida y Tarragona y el acueducto de Segovia; acuden a los monumentos árabes como la Alhambra y el Generalife de Granada, la

---

[1] *gather flowers*

mezquita de Córdoba y la Giralda de Sevilla. Castillos medievales hay por todas partes de la Península. En Hispanoamérica los monumentos que más interesan a los turistas son indígenas. Las pirámides y los templos aztecas y mayas de México son un ejemplo. En Machu Picchu en Perú, Copán en Honduras, Tikal en Guatemala hay ruinas maravillosas de los indios. Los turistas, cuando están fuera de su país, muestran gran interés en el arte. El Prado de Madrid, el Museo Antropológico de México, el Museo de Oro en Bogotá y el de Lima, el Louvre de París y los museos de Florencia, Londres y Nueva York se atascan[2] de personas que probablemente nunca han visitado un museo en su propia ciudad.

Para aquellos turistas que realmente tienen interés en la historia y cultura de los lugares que visitan, hay viajes diseñados para ellos. Hay «paquetes» que incluyen el transporte aéreo y terrestre, alojamiento, visitas a los lugares de interés y conferencias sobre los lugares y su historia por académicos especialistas.

	Muchísimo interés (%)	Mucho interés (%)	No contestaron (%)	Total (%)
Hacer excursiones turísticas				
En coche	61	10	29	100
Cine	58	14	28	100
Visitas a monumentos históricos	58	9	33	100
Restaurantes	52	12	36	100
Teatro	46	15	39	100
Museo	42	13	45	100
Biblioteca	41	15	44	100
Parque de atracciones	36	26	38	100
Discotecas	20	42	38	100
Salones de baile/ Clubes nocturnos	11	55	34	100

---

[2]*are crowded, filled with*

Nacionalidad de los visitantes

Motivo y lugar de turismo	Austria	Bélgica	Francia	Alemania	Reino Unido	Países Bajos	España	Suiza
1. Arte	16,1	11	16,4	12,9	8,3	10,1	19,4	14,8
2. Historia	10,3	7,9	10,6	9,5	10,9	5,5	15	8
3. Pueblos artísticos	14,6	13,5	18,3	12,4	8,4	11,5	16,6	14,5
4. Pueblos históricos	10,8	8,7	10,4	9,7	10,8	10,1	9,5	12,1
5. Centros religiosos católicos	3,1	2,2	2,1	1,6	1,5	1,3	6,2	1
6. Playas	12,7	12,3	11,3	13,6	12,9	12,4	7,3	13,4
7. Islas	4,2	6,1	6,3	4,2	3,6	3	4,4	5,3
8. Lagos	4,8	13,9	13,7	6	14,2	14,2	8,4	3,7
9. Montañas	3,7	7,8	3,1	5,8	4,9	10,7	3,3	1,5
10. Lugares de deportes de invierno	0,8	1	—	0,8	0,7	0,6	1,1	0,5
11. Baños térmicos	7	0,5	—	3,6	0,3	0,5	0,2	3,9
12. Clima	11,2	8,2	—	17,1	19	12,5	2,5	15,1
13. Folklore	2,7	5,7	7,3	2,5	2,2	3,6	2,9	3,8
14. Festivales de música y de cine	1,3	1,2	0,5	0,3	2,6	7	3,2	2,7
Total	**100**	**100**	**100**	**100**	**100**	**100**	**100**	**100**
del 1 al 5 (Lugares de interés artístico/histórico)	54,9	43,3	57,8	46,1	39,9	38,5	66,7	50,4
del 6 al 12 (Lugares de interés o belleza natural)	41,4	49,8	34,4	51,1	55,3	53,9	27,2	73,4

ESTUDIO DE PALABRAS

Ejercicio 1   Study the following cognates that appear in this chapter.

el tipo	la catedral	renovado
el turismo	el anfiteatro	artístico
la excursión	el acueducto	intelectual
el esquí	el castillo	histórico
el elemento	la pirámide	monumental
la proximidad	la historia	árabe
el estadio	el transporte	medieval
el gimnasio	el académico	indígena
el animal		azteca
el casino		maya
el destino	físico	aéreo
el jazz	acuático	terrestre
el músico	natural	
el teatro	especializado	
la arqueología	reciente	
	raro	

Ejercicio 2   Complete each expression with the appropriate word(s).
1. tourist excursion   una _____ de turismo
2. water skiing   el _____ acuático
3. historical monument   el _____ histórico
4. archeological site   el lugar _____
5. jazz concert   el concierto de _____
6. rare animal   un _____ raro
7. Gothic cathedral   la _____ gótica
8. Roman aqueduct   el _____ romano
9. ancient amphitheater   el _____ antiguo
10. medieval castle   el _____ medieval
11. Mayan pyramid   la _____ maya
12. air travel   el transporte _____
13. ground transportation   el _____ terrestre

Ejercicio 3   Complete each statement with the appropriate word(s).
1. El Prado es un _____ famoso de Madrid y el _____
   Metropolitano de Arte es un _____ famoso de Nueva York.
2. Se ve una obra teatral en un _____.
3. Una iglesia grande es una _____.
4. Un jardín zoológico tiene muchos _____ raros.
5. Se juega al fútbol en un _____.
6. Los mayas y los aztecas son _____ de México y Guatemala.

Ejercicio 4 Give the word being defined.
1. el que toca un instrumento musical como el piano, el violín o la trompeta
2. el lugar donde se practican ciertos deportes profesionales
3. hecho de nuevo, reconstruido
4. el estudio de las ruinas antiguas
5. musulmán

Ejercicio 5 Give a word related to each of the following.
1. el agua
2. la historia
3. el arte
4. el monumento
5. de la Edad Media
6. de los indígenas

Ejercicio 6 Match the English word or expression in Column A with its Spanish equivalent in Column B.

A	B
1. winter sports	a. la natación
2. water sports	b. bañarse
3. ice	c. los deportes de la nieve
4. skating	d. los deportes acuáticos
5. swimming	e. la plancha de vela
6. wind surfing	f. a corto plazo
7. to bathe	g. el hielo
8. weekend	h. el patinaje
9. season	i. la conferencia
10. short-term	j. la estación
11. speech, lecture	k. el fin de semana
12. snorkeling	l. el buceo

Ejercicio 7 Complete each statement with the appropriate word(s).
1. El esquí alpino y el patinaje sobre hielo son _____.
2. La plancha de vela y la _____ son deportes acuáticos.
3. A mucha gente le gusta _____ en el mar en el verano.
4. Vamos a pasar un _____ muy placentero en la playa (el balneario).
5. Unas vacaciones que duran sólo un fin de semana es un ejemplo de turismo _____.
6. El verano es una _____ y el invierno es otra.
7. El arqueólogo nos dio una _____ interesante sobre las ruinas indígenas del Yucatán.
8. Lo contrario de «el patinaje sobre _____» es el patinaje sobre ruedas.

9. La _____, el esquí acuático y la natación son tres deportes de verano.

10. Para hacer el _____ hay que usar tanques de oxígeno.

Ejercicio 8   Match the English word or expression in Column A with its Spanish equivalent in Column B.

A	B
1. hill	a. el bosque
2. forest	b. la jardinería
3. cliff	c. el arroyo
4. brook	d. la colina
5. fan	e. la excursión de «paquete»
6. gardening	f. los juegos de azar
7. cruise	g. el vagón, el coche
8. to gamble	h. jugar
9. games of chance	i. el risco
10. railroad	j. el ferrocarril
11. car (of a train)	k. el crucero
12. "package" tour	l. el aficionado

Ejercicio 9   Complete each statement with the appropriate word(s).

1. Una _____ no es tan alta como una montaña.

2. Este tren tiene 10 _____.

3. El que es _____ a los juegos de azar puede perder mucho dinero.

4. El _____ es un viaje en alta mar a bordo de un vapor por lo general lujoso que hace escala en varios puertos.

5. La _____ es una excursión organizada que tiene todo incluido por un precio fijo.

6. Una roca muy alta es un _____.

7. Al que le gusta trabajar en el jardín es aficionado a la _____.

8. El _____ es un lugar que tiene muchos árboles. En los _____ de algunas regiones del mundo se puede ver animales raros.

9. Se puede bañarse en un _____ si el agua no está contaminada.

COMPRENSION

Ejercicio 1   True or false?

1. El viaje alrededor del mundo es un ejemplo de turismo a corto plazo.

2. Los aficionados a los juegos de azar frecuentan los casinos.

3. Un viaje a un casino es ejemplo de turismo intelectual.

4. La mayoría de la gente que frecuenta los museos y los monumentos históricos de un lugar son los que viven en las proximidades.

Ejercicio 2   Answer.

1. ¿Cuáles son algunos deportes de la nieve y cuándo se practican?
2. ¿Cuáles son algunos deportes acuáticos y cuándo se practican?
3. ¿Con qué se relacionan las vacaciones que tienen algo que ver con los deportes?
4. ¿Cuáles son elementos naturales que se relacionan con el turismo?
5. ¿Quién tendría interés en un crucero a las islas Galápagos?
6. ¿Qué incluyen muchos «paquetes»?

Ejercicio 3   Answer.

1. ¿En qué ciudades españolas hay catedrales góticas famosas?
2. ¿Dónde hay ruinas romanas de gran importancia en España?
3. ¿Dónde hay monumentos árabes importantes en España?
4. ¿Dónde hay ruinas de las civilizaciones indígenas en Hispanoamérica?

Capítulo 5
VIAJES MARITIMOS

El transporte por barco es el medio de transporte más antiguo para las grandes distancias.

Algunas fechas

- Hacia 7250 a.C. aparecen las primeras embarcaciones mercantiles en el Mediterráneo.
- Hacia 3000 a.C. se ven las primeras galeras egipcias.
- Hacia 200 a.C. los romanos construyen enormes galeras.
- Hacia 1100 d.C. los navegantes se sirven de la brújula magnética para orientarse en el Mediterráneo y el mar de China.
- En 1492 la Corona[1] española patrocina[2] el viaje de descubrimiento del navegante genovés Cristóbal Colón. Las tres carabelas de su flota salen de Palos de Moguer (Huelva) el 3 de agosto y llegan a la isla de Guanahaní el 12 de octubre.
- Los siglos XV y XVI son la época de los galeones.
- A fines del siglo XVIII se inventa la máquina de vapor.
- En 1807 el ingeniero norteamericano Robert Fulton (1785-1815), inventor de un torpedo y un submarino, aplica la máquina de vapor a la navegación. El *Clermont* hace el recorrido entre las ciudades de Nueva York y Albany por el río Hudson.
- En 1838 ocurre la primera travesía del Atlántico por un vapor. El viaje dura 14 días y medio.
- En 1952, en su primer viaje transatlántico entre Nueva York y Le Havre (Francia) y Southampton (Inglaterra), el *S.S. United States* de 51.988 toneladas hace el recorrido desde el faro[3] de Ambrose hasta el faro de Bishop Rock en 3 días, 10 horas y 40 minutos entre los días 3 y 7 de julio. (Sigue siendo el récord.)
- En 1959 se introduce el aerodeslizador, un barco que se mueve a muy poca altura sobre el agua apoyándose en una capa de aire.
- En 1962 el *Savannah* (EE.UU.) sale como el primer barco comercial de propulsión nuclear.

---

[1]*Crown*   [2]*sponsors*   [3]*lighthouse*

Viajes por vapor/paquebote/transatlántico

Durante mucho tiempo la única manera de efectuar los viajes largos intercontinentales era por barco. El avión es una invención del siglo XX. Hasta principios de los años 60, la gran mayoría de los norteamericanos que iban a Europa iban por vapor. Pero en poco tiempo los viajes transatlánticos casi han desaparecido. Apenas queda el transatlántico británico el *QE II* que sigue efectuando la travesía del Atlántico con regularidad. Los otros se han vendido para chatarra como el *United States* o se han visto convertidos en hotel, como el *Queen Mary* que estuvo atracado[4] al muelle de Long Beach, California, o se han vendido a una línea de cruceros como el famoso vapor el *France*. Dos factores que han contribuido a la desaparición de los transatlánticos son el enorme costo de mantenimiento y funcionamiento de los vapores por una parte y, por otra, los avances en la aviación que le han permitido al viajero desplazarse de un lugar a otro rápidamente y a precios módicos. Sin embargo, los barcos todavía proveen transporte a los pasajeros que viajan a menos distancia, en el Mediterráneo, por ejemplo, entre Cataluña y las islas Baleares y entre la Península y Marruecos.

Los cruceros

Muchos vapores que ya no llevan pasajeros de un lugar a otro se han transformado en barcos cruceros. Estos barcos no se dedican a llevar pasajeros de un lugar a otro, sino que se dedican a proveerles a los pasajeros una estadía agradable y placentera a bordo. La industria de los cruceros está en pleno crecimiento[5]. Se están construyendo más y más barcos de cada vez mayor tamaño[6]. Hasta ahora los cruceros llevaban entre 850 y 1.200 pasajeros. Hoy, los nuevos cruceros pueden acomodar hasta 2.000 pasajeros. Son realmente hoteles flotantes de más o menos lujo según el precio del viaje. Los camarotes pueden ser relativamente pequeños y sencillos o pueden ser pequeños apartamentos lujosos. Se les ofrecen a los pasajeros todas las actividades que se puedan imaginar: tenis, jogging, ejercicios aeróbicos, juegos de naipes, hasta uso de gimnasio y piscina. Hay teatro, bailes, concursos, casinos, sala de fiestas. Todo está organizado para los pasajeros que no tienen más que hacer que divertirse.

Los EE.UU. domina el mercado internacional de los cruceros con casi el 70% de los pasajeros. Después viene Europa con el 17%. Gran Bretaña, Alemania y Australia proveen tantos pasajeros como organizadores de cruceros. Los cruceros rusos zarpan[7] de puertos italianos, ingleses y holandeses. Las compañías de cruceros son, tradicionalmente, europeas con sus puertos de origen en Dinamarca, Noruega, Holanda, Italia, Alemania, Gran Bretaña o Grecia. Pero hoy en día muchos barcos son matriculados en las Antillas, en Panamá y en Liberia por razones de impuestos y reglamentaciones marítimas. Aunque la mayoría de los propietarios son europeos, la mayoría de las tripulaciones con la excepción de los oficiales, son naturales de los países en vías de desarrollo como las Filipinas, Indonesia y varios países de la América del Sur, la América Central y las Antillas.

---

[4]*anchored, moored*   [5]*growth*   [6]*size*   [7]*set sail from, depart*

La mayoría de las ciudades de donde salen los cruceros están en los EE.UU. Por orden de importancia, son: Miami, San Juan, Port Everglades, Nueva York, Los Angeles, San Francisco y Nueva Orleans. El Caribe es el destino preferido y representa el 50% de los cruceros. Siguen entonces el Mediterráneo, Escandinavia, Alaska y el Pacífico.

La industria de los cruceros se está desarrollando rápidamente. Los tipos de cruceros se multiplican para satisfacer a los diferentes segmentos del mercado. Los cruceros de una semana siguen siendo los más comunes, pero los de tres o cuatro días están ganando popularidad. A pesar de lo que se cree, las personas de edad avanzada ya no son los que más viajan en crucero. Los pasajeros se dividen por edades de la siguiente manera:

19 – 24 años	10,8%
25 – 34 años	15,4%
35 – 54 años	36,7%
55 – 64 años	19,8%
65 años y mayores	17,3%

Como la industria de los cruceros es relativamente joven, la mayoría de los potenciales compradores tienen poca experiencia en cuanto a lo que deben escoger. Igualmente, muchos agentes de viajes carecen de[8] experiencia o de la formación necesaria para poder aconsejar adecuadamente. Afortunadamente, hay publicaciones especializadas sobre cruceros que proveen información sobre las diferentes compañías de cruceros. Sea lo que sea, es una industria en pleno apogeo[9] que promete mucho.

En Sudamérica hay viajes por agua dulce[10]. Las excursiones por barco por el lago Titicaca entre Perú y Bolivia son muy populares. El lago tiene 8.288 kilómetros cuadrados y está a una altura de 3.914 metros sobre el nivel del mar. Tiene un largo de 192 kilómetros y 50 kilómetros de ancho en su parte media. Los cruceros a las islas Galápagos del Ecuador llevan a los pasajeros a ver su increíble fauna, que fueron objeto de estudio para Charles Darwin. Las islas quedan en el Pacífico a 1.120 kilómetros al oeste de la costa.

Hay otros tipos de crucero. Las lanchas o barcos de placer abundan, y muchos dueños ofrecen cruceros o excursiones a bordo de sus yates o veleros. En Europa los viajes en gabarra por los ríos y canales son cada vez más populares entre los veraneantes. Y si uno es rico, siempre puede fletar un yate con toda su tripulación y zarpar hacia la aventura.

---

[8]*lack*   [9]*at its height*   [10]*fresh water*

ESTUDIO DE PALABRAS _____

Ejercicio 1   Study the following cognates that appear in this chapter.

el transporte	el avance	transatlántico
la distancia	la aviación	enorme
la embarcación	el precio	flotante
el navegante	el hotel	aeróbico
la flota	la actividad	internacional
la época	el tenis	esencial
el galeón	el «jogging»	nuclear
el inventor	el segmento	potencial
la navegación	el yate	necesario
la propulsión	la experiencia	
la regularidad	la compañía	orientarse
la desaparición	la fauna	
el costo	el canal	
el mantenimiento	la industria	

Ejercicio 2   Match the verbs in Column A with related nouns in Column B.

A	B
1. embarcar	a. el mantenimiento
2. navegar	b. la desaparición
3. orientarse	c. la orientación
4. inventar	d. el avance
5. desaparecer	e. la navegación, el navegante
6. mantener	f. el costo
7. costar	g. la embarcación
8. avanzar	h. la invención, el inventor

Ejercicio 3   Complete each expression with the appropriate word(s).

1. long (great) distance   de gran _____
2. transatlantic voyage   el viaje _____
3. nuclear propulsion   la _____ nuclear
4. enormous cost   el costo _____
5. modest price   el _____ módico
6. floating hotel   el _____ flotante
7. aerobic exercises   los ejercicios _____
8. potential customer   el cliente _____
9. international market   el mercado _____
10. cruise company   la _____ de cruceros
11. necessary training   la formación _____
12. means of transportation   el medio de _____
13. market segment   el _____ del mercado

Ejercicio 4 Complete each statement with the appropriate word(s).
1. La _____ de los cruceros está en pleno crecimiento.
2. El viaje _____ en vapor ha desaparecido casi por completo.
3. Se están construyendo muchos nuevos barcos de cruceros que son en realidad grandes hoteles _____.
4. A bordo de los barcos de crucero se les ofrecen a los pasajeros todas las _____ posibles e imaginables.
5. Los avances en la _____ son responsables en gran parte por la desaparición del transporte marítimo.

Ejercicio 5 Match the English word or expression in Column A with its Spanish equivalent in Column B.

A	B
1. boat, ship	a. el vapor
2. steamer	b. la galera
3. galley	c. el velero
4. compass	d. el transatlántico
5. crossing	e. el barco
6. trip, run, journey	f. el barco de placer
7. transatlantic (ocean) liner	g. el barco de crucero
8. hovercraft	h. durar
9. cruise liner (ship)	i. desplazarse
10. to last, take time	j. la brújula
11. to go from one place to another	k. la travesía
12. barge	l. la gabarra
13. sailboat	m. el recorrido
14. pleasure boat	n. el aerodeslizador
15. launch	o. la lancha

Ejercicio 6 Complete each statement with the appropriate word(s).
1. Un yate es un _____.
2. El *S.S. United States,* el *France* y el *Queen Mary* eran grandes _____ que hacían _____ con regularidad entre Nueva York y puertos europeos.
3. El *Royal Viking Sea* y el *Ocean Princess* son _____.
4. Muchos _____ nuevos son en realidad hoteles flotantes.
5. El _____ Barcelona–Palma de Mallorca se efectúa con regularidad.
6. Un _____ tiene un motor y un _____ tiene velas.
7. Es posible hacer cruceros por los ríos y canales de Francia, Alemania y Rusia en _____.
8. El recorrido entre la Península (España) y Marruecos en el norte de Africa _____ unas tres horas.

9. Hay _____ que cruzan el río de la Plata para hacer el recorrido Buenos Aires–Montevideo (Colón).
10. El medio más rápido que le permite al viajero _____ de un lugar a otro es el avión.
11. La _____ le permite al navegante orientarse.
12. La _____ es un barco antiguo de guerra y de comercio. Tenía velas y remos.

Ejercicio 7   Match the English word or expression in Column A with its Spanish equivalent in Column B.

A	B
1. crew	a. el puerto
2. cabin	b. la tripulación
3. luxury suite	c. el concurso
4. pleasant, enjoyable	d. el camarote
5. stay	e. el apartamento de lujo
6. swimming pool	f. fletar
7. contest	g. el veraneante
8. card game	h. placentero
9. port	i. la estadía
10. to charter	j. el juego de naipes
11. summer vacationer	k. la piscina, la alberca
12. pier	l. el muelle

Ejercicio 8   Complete each statement with the appropriate word(s).
1. Los barcos de crucero tienen _____ cómodos a precios módicos y _____ a precios altos.
2. A bordo de un barco de crucero se les ofrecen a los pasajeros actividades como _____ y _____ para asegurarles una estadía _____ a bordo.
3. Los cruceros no hacen el recorrido o la travesía de un _____ a otro. Visitan varios _____ donde los pasajeros pueden desembarcar para visitar el lugar antes de embarcar de nuevo con rumbo a otro _____.
4. Los pasajeros pueden nadar en la _____ en la cubierta del barco.
5. Es posible _____ un yate pero es bastante caro.
6. A los que toman vacaciones de verano se les llama _____.
7. El puerto tiene _____ donde pueden atracar los barcos.
8. Si uno quiere hacer una excursión por los ríos y canales de una región se puede _____ una gabarra.
9. El personal que trabaja a bordo de un barco es la _____.

COMPRENSION

Ejercicio 1   Answer.
1. ¿Cuál es el medio de transporte a larga distancia más antiguo?
2. ¿Cuándo se efectuó la primera travesía del Atlántico por un vapor?
3. ¿Cuál es el récord de tiempo de una travesía del Atlántico por un vapor?
4. ¿Qué barco tiene el récord?
5. ¿Por qué han casi desaparecido los transatlánticos?
6. Hoy día, ¿a quiénes proveen transporte los barcos?
7. ¿A qué se dedican los barcos de crucero?
8. ¿Hasta cuántos pasajeros pueden acomodar los nuevos cruceros?
9. ¿Cómo pueden ser los camarotes a bordo de un crucero?
10. ¿Quiénes son los propietarios de la mayoría de los cruceros?
11. ¿De quiénes se compone la tripulación?
12. ¿De dónde salen los cruceros?
13. ¿Cuáles son los puertos estadounidenses más importantes hoy día?
14. ¿Qué hay para proveer información adecuada sobre la industria del turismo?
15. ¿Dónde son populares las excursiones por barco en la América del Sur?

Ejercicio 2   True or false?
1. Algunos transatlánticos se han convertido en hoteles.
2. Otros ya no existen. Fueron vendidos para chatarra.
3. A algunos transatlánticos se les han dado nombres nuevos y están haciendo cruceros.
4. El funcionamiento y mantenimiento de un gran transatlántico es bastante razonable.
5. La industria de los cruceros está creciendo mucho.
6. La mayoría de los cruceros salen de puertos europeos.
7. Los barcos son matriculados en Europa.
8. La tripulación de la mayoría de los cruceros es europea.
9. Alaska es el destino preferido de los cruceros.
10. Aquellas personas que más viajan en crucero son las personas de edad avanzada.
11. Los cruceros de un mes o más son los más comunes.

Ejercicio 3   Follow the directions.
Prepare Ud. una lista de las actividades que se ofrecen a bordo de un crucero para asegurarles a los pasajeros una estancia placentera a bordo.

Capítulo 6
VIAJES POR AVION

Nos parece completamente normal que 450 pasajeros suban a un Boeing 747 con destino a Madrid, Buenos Aires o Nueva York. No obstante, no hace tanto tiempo desde que el primer avión atraviesa el Atlántico sin hacer escala. Es el año 1927; Charles Lindbergh despega en su monomotor *Spirit of St. Louis* de un pequeño aeropuerto en Long Island, Nueva York. Treinta y tres horas, treinta minutos más tarde aterriza en el aeropuerto de Le Bourget en París. En 1973 el *Concorde* va de París a Washington en tres horas, treinta y tres minutos.

Importantes avances en la aviación

El crecimiento[1] espectacular de la aviación se debe mayormente a la Segunda Guerra Mundial. Durante la guerra se formaron muchos pilotos. Muchos funcionarios civiles y militares tomaron sus primeros vuelos durante la guerra y se familiarizaron con la aviación. Hubo grandes adelantos[2] tanto en la meteorología como en la cartografía. Se construyeron numerosos aeropuertos por todo el mundo. Se desarrolló el motor de reacción a chorro (jet).

A fines de los años 50 y a principios de los 60, los aviones jet vuelan a una velocidad asombrante para su tiempo. Además, pueden cubrir grandes distancias sin tener que hacer escala para abastecerse de combustible. Durante los años 70, los «jumbo», gigantescos aviones de reacción como el 747 de la Boeing y el Airbus, pueden llevar centenares de pasajeros en cada vuelo. El Concorde, el primer avión comercial supersónico, reduce el tiempo de vuelo dramáticamente, pero debido a su elevado costo es utilizado casi exclusivamente para los negocios y no para el turismo. Por lo general, el mundo de los negocios y el turismo internacional dependen casi totalmente de la aviación.

Líneas aéreas

En los EE.UU. las líneas aéreas no pertenecen al Estado, sino que son compañías privadas. Hasta ahora, no es ése el caso en la mayoría de los países donde las líneas aéreas pertenecen parcial o totalmente al Estado. Es así, por ejemplo, en el caso de muchas líneas aéreas europeas. Sin embargo, varios gobiernos europeos están considerando la privatización. Las acciones[3] de las compañías norteamericanas se cotizan[4] en la Bolsa de Valores y no importa quiénes, incluso extranjeros, las compren. Pero se tiene que observar los reglamentos de ciertas agencias federales, estatales o locales.

---

[1]*growth*   [2]*advances, progress*   [3]*stocks, shares*   [4]*are traded, quoted*

Hay dos agencias federales que controlan las compañías de aviación. Son la Federal Aviation Administration *(FAA)* y el Department of Transportation *(DOT)*. Hasta 1985 el Civil Aeronautics Board *(CAB)* tenía un papel importante en asuntos de competencia y rutas aéreas. La *FAA* fue creada en 1958 para supervisar el control de la navegación aérea y el mantenimiento de los aparatos. Esta agencia se responsabiliza de las investigaciones cuando ocurren accidentes de aviación. La *FAA* también se ocupa de vigilar[5] la formación y la salud de los pilotos. El *DOT* se creó en 1967 y equivale a los Ministerios de Transporte en los países hispanos. Esta agencia se ocupa, entre otras cosas, de controlar las fusiones de líneas aéreas y las concesiones de rutas internacionales, funciones que antes eran del desaparecido *CAB*. Hoy la «desreglamentación» y el futuro de las compañías que no han podido adaptarse a este nuevo ambiente son las cuestiones dominantes en la industria de la aviación. La competencia es encarnizada[6] y las compañías emplean distintas estrategias para capturar más mercado y así enfrentarse con los aumentos en los precios de combustible.

Vuelos fijos y fletados (charter)

Hasta 1981 había dos tipos de vuelos: los vuelos de horario fijo que, como su nombre indica, volaban según su horario de un lugar a otro con tarifas aprobadas por el *CAB* y los vuelos fletados (charter). Los charter no proveían ningún enlace regular entre lugares, ni tenían derecho de hacerlo. Todavía existen los dos tipos de vuelos, pero en un período de desreglamentación los charter tienen el derecho de ofrecer vuelos de horario fijo. Algunos charter han tratado de hacerlo pero sin mucho éxito ya que han tenido que confrontar la enorme competencia de los vuelos fijos de las líneas regulares. Por otra parte, los vuelos fijos ahora pueden llevar pasajeros «charter» a precios reducidos.

Vuelos internacionales

Los primeros vuelos comerciales entre Londres y París datan de 1919. En 1919 se cruzó el Atlántico en un dirigible, lo cual parecía ser el modo de transporte del futuro. Desgraciadamente, hubo demasiados accidentes. Después de la terrible explosión e incendio del dirigible alemán *Hindenburg* cuando aterrizaba en Lakehurst, New Jersey, en 1937, los dirigibles desaparecieron de la aviación comercial. En los EE.UU. la historia de la aviación civil internacional es la de la compañía Pan American World Airways, fundada en 1927 por el aviador Juan T. Trippe. Charles Lindbergh inaugura el primer servicio transatlántico partiendo de los EE.UU. para Lisboa y después para Marsellas. Estos vuelos son de gran lujo; las comidas se sirven en un comedor; cada pasajero tiene su propio camarote. En los aeropuertos los pasajeros gozan de una sala de espera exclusivamente para ellos.

No puede haber tráfico aéreo internacional sin acuerdos entre los países interesados. El problema que surge cuando se trata de llegar a estos acuerdos bilaterales es el hecho de que muchas compañías de aviación reciben subsidios de sus gobiernos, lo cual les hace difícil la competencia para las compañías privadas,

---

[5]*oversee*   [6]*sharp, keen*

como las norteamericanas. A fines de los años 40, la Asociación por el Transporte Aéreo Internacional (IATA) fue establecido en una reunión en la Habana para coordinar todos los aspectos del tráfico aéreo internacional. Todo país que pertenece a las Naciones Unidas tiene derecho de ser socio[7] de esta asociación. Por ejemplo, la IATA ha establecido que un pasajero que viaja a bordo de varios aviones no necesita más que un solo billete. Hay otra organización, la Organización Internacional de Aviación Civil, que es parte de las Naciones Unidas y que trata de hacer uniformes las normas de seguridad para los aviones, la formación de pilotos, etc.

Todo acuerdo internacional es difícil de negociar, y la política de desreglamentación adoptada por los EE.UU. y otros países no simplifica las cosas. Una cosa sí que es cierta, el servicio aéreo internacional no se ve en ningún peligro de desaparecer, aunque sí desaparecen las líneas que no pueden competir como la Eastern y la histórica Pan American que volaron por última vez en 1991.

---

[7]member

ESTUDIO DE PALABRAS

Ejercicio 1 Study the following cognates that appear in this chapter.

el monomotor	la investigación	numeroso
el aeropuerto	el accidente	supersónico
el avance	el piloto	privado
la aviación	el ministerio	parcial
la meteorología	el transporte	total
la cartografía	la concesión	federal
el jet	la desreglamentación	aéreo
la velocidad	la industria	internacional
la distancia	la estrategia	comercial
el jumbo	el dirigible	bilateral
el costo	el aviador	
la línea aérea	el subsidio	construir
la compañía	el aspecto	reducir
el reglamento	el tráfico	supervisar
la agencia		capturar
la ruta	espectacular	coordinar
el control	civil	negociar
la navegación	militar	simplificar

Ejercicio 2 Complete each expression with the appropriate word(s).

1. international airport   el _____ internacional
2. supersonic airplane   el avión _____
3. airline   la _____ aérea
4. federal agency   la _____ federal
5. air route   la ruta _____

6. international route   la _____ internacional
7. international air traffic   el _____ aéreo
_____

8. aviation industry   la industria de la _____
9. commercial aviation   la _____ comercial
10. government subsidy   el _____ del gobierno
11. private company   la _____ privada
12. international flight   el vuelo _____
13. bilateral agreement   el acuerdo _____

Ejercicio 3 Match the verbs in Column A with related nouns in Column B.

A	B
1. reducir	a. el transporte
2. costar	b. el avance
3. controlar	c. el control
4. navegar	d. la construcción
5. transportar	e. la negociación
6. negociar	f. el costo
7. construir	g. la navegación
8. avanzar	h. la reducción

Ejercicio 4 Complete each statement with the appropriate word(s).
1. El _____ es el comandante del avión.
2. Los DC-10, DC-9, 727, 737, 767, 747, etc., son aviones _____.
3. El 747 de la Boeing es un _____.
4. La _____ entre Nueva York y Buenos Aires es 9000 kilómetros.
5. El Concorde es un avión _____.

Ejercicio 5 Give the word being defined.
1. el estudio de los fenómenos atmosféricos
2. el arte de preparar mapas
3. de velocidad superior a la velocidad del sonido
4. la sociedad, la empresa
5. entre dos países

Ejercicio 6 Match the word in Column A with its opposite in Column B.

A	B
1. el bimotor	a. federal
2. local, municipal	b. militar
3. parcial	c. dificultar
4. privado	d. bilateral
5. civil	e. público
6. reducir	f. el monomotor
7. unilateral	g. total
8. simplificar	h. aumentar

Ejercicio 7 Complete each statement with the appropriate word(s).
1. Un avión muy grande que lleva más de 250 pasajeros es un _____.
2. Iberia es la _____ de España y Avianca es la _____ de Colombia.
3. Hay que hacer una _____ después de cualquier accidente de aviación.
4. El piloto es el _____.
5. El recorrido Miami–Buenos Aires es una _____ internacional.
6. Un avión que vuela más rápido que la velocidad del sonido es un avión _____.
7. Las compañías privadas no reciben _____ del gobierno.

Ejercicio 8 Match the English word or expression in Column A with its Spanish equivalent in Column B.

A	B
1. to get on	a. atravesar
2. to take off	b. volar
3. to land	c. subir a
4. to cross	d. el vuelo
5. stopover	e. despegar
6. to train	f. aterrizar
7. flight	g. abastecerse de combustible
8. jet engine	h. la escala
9. to fly	i. formar
10. to refuel	j. el motor de reacción a chorro

Ejercicio 9 Complete each statement with the appropriate word(s).
1. El Boeing 747 es un avión de cuatro _____ de reacción.
2. El Concorde puede hacer el viaje Nueva York–Paris o Nueva York–Londres sin escala pero para hacer el viaje Nueva York–Tokyo tendría que hacer escala para _____.
3. El _____ 801 sale de Nueva York a las seis y media con destino a Madrid.
4. Hay que _____ bien a los pilotos para que sepan como actuar durante cualquier eventualidad peligrosa.
5. Los pasajeros _____ al avión por la puerta de salida.
6. El avión _____ al empezar el vuelo y _____ al terminar el vuelo.
7. ¿El vuelo de Houston a México hace _____ o no?
8. Los pasajeros que toman el vuelo Los Angeles–Hong Kong van a _____ el Océano Pacífico.

Ejercicio 10   Match the English word or expression in Column A with its Spanish equivalent in Column B.

A	B
1. business world	a. la tarifa
2. competition	b. la seguridad
3. merger	c. la competencia
4. schedule, timetable	d. el acuerdo
5. fare	e. el mundo de negocios
6. regularly scheduled flight	f. el vuelo fletado
7. charter flight	g. el vuelo fijo
8. link, connection	h. la fusión
9. increase	i. el horario
10. right	j. el derecho
11. agreement, accord	k. el enlace
12. security, safety	l. el aumento

Ejercicio 11   Complete each statement with the appropriate word(s).
1. Hay muchos _____ bilaterales que regulan la aviación internacional.
2. Si la línea aérea no tiene el _____ de hacer el _____ Nueva York–Madrid, no puede ofrecer vuelos entre estas dos ciudades.
3. Un _____ sigue un horario y un _____ no sigue un horario fijo.
4. Ha habido un _____ en el número de ciudades estadounidenses que tienen servicio directo a ciudades europeas.
5. La _____ para viajar de Nueva York o Los Angeles a Buenos Aires es bastante alta porque hay mucha distancia entre estas ciudades.
6. La _____ en las rutas transatlánticas es encarnizada (feroz).
7. Recientemente ha habido muchas _____ entre las compañías aéreas de los Estados Unidos.
8. Hasta recientemente, o sea, antes de la desreglamentación, la _____ de un vuelo _____ era siempre más baja que la de un vuelo

   _____ .
9. La _____ de los pasajeros es la responsabilidad primordial de la tripulación a bordo de un avión.

COMPRENSION

Ejercicio 1   True or false?
1. Charles Lindbergh atravesó (cruzó) el Atlántico sin escala por primera vez en 1927.
2. El avión de reacción a chorro es un jet.
3. El 747 es un jumbo.
4. En los Estados Unidos la mayoría de las compañías aéreas pertenecen al Estado.

5. En muchos países del mundo las compañías aéreas pertenecen parcial o totalmente al Estado.
6. La *CAB* o *Civil Aeronautics Board* ya no existe.
7. Los primeros vuelos comerciales se hicieron a bordo de dirigibles.
8. El primer vuelo transatlántico fue de Nueva York a Lisboa y luego continuó a Marsellas.
9. Muchos acuerdos bilaterales regulan el tráfico aéreo internacional.

Ejercicio 2   Answer.

1. ¿A qué se debe el desarrollo espectacular de la aviación?
2. ¿Pueden los aviones jet cubrir grandes distancias sin tener que hacer escala para abastecerse de combustible?
3. ¿Cuál es el primer avión supersónico?
4. ¿Por qué se utiliza el Concorde casi exclusivamente para los negocios y no para el turismo?
5. ¿Cuáles son algunas funciones o responsabilidades de la *FAA?*
6. ¿Qué es el *DOT?*
7. ¿Qué hace el *DOT?*
8. ¿Cuál es la diferencia entre un vuelo fijo y un vuelo fletado o charter?
9. ¿Dónde tuvo lugar la horrible explosión del *Hindenburg?*
10. ¿Qué líneas aéreas desaparecieron en 1991?
11. ¿Qué hace más difícil la competencia para las compañías aéreas norteamericanas?
12. ¿Qué estableció la IATA?

Capítulo 7
CARRETERA Y FERROCARRIL

La carretera

No cabe duda de que el automóvil es hoy el modo de transporte más utilizado en la mayoría de los países industrializados. En los EE.UU. el automóvil se emplea cuatro veces más que cualquier otro modo de transporte. Se calcula que la mitad de las familias norteamericanas, típicamente, van de vacaciones una vez al año y usan un vehículo personal, sea un carro, una caravana o una motocicleta. En Norteamérica la industria que se ha creado alrededor de las vacaciones, las diversiones y el tiempo libre, depende casi exclusivamente del vehículo personal. Es más, con frecuencia no hay otra manera de visitar muchos balnearios y otros centros de turismo. El incremento en el camping y las visitas en caravanas da muestra[1] de esta dependencia en el automóvil. Hoy día hay tantos campistas que no se puede dejarles levantar su tienda donde quieran. Por eso, actualmente hay lugares de camping oficiales con unos reglamentos estrictos.

En Europa la situación es un poco diferente; sin embargo, el automóvil es, igualmente, el modo de transporte más utilizado. En España hace 20 años, un coche particular era un lujo sólo para los ricos. Hoy las autopistas, especialmente a la salida de Madrid, se ven atascadas de coches al comienzo de los fines de semana y en épocas de vacaciones. Los embotellamientos son dramáticos. Un tramo de 15 kilómetros puede representar 2 horas en el coche. El MOPU (Ministerio de Obras Públicas) está constantemente construyendo y mejorando las carreteras y autopistas, especialmente los accesos a lugares de interés turístico como la Costa del Sol.

En los años 70 y 80 se introdujeron en España las autopistas con peaje. Estas carreteras amplias y modernísimas han cortado el tiempo de viaje entre varias áreas importantes. Para muchos conductores el costo adicional del peaje vale mucho menos que el tiempo ahorrado[2].

A pesar de que el automóvil es la forma de transporte más usada en la Europa Occidental, no se usa para los viajes de larga distancia tanto como en los EE.UU. Una razón es el costo de la gasolina. Como se puede ver en la gráfica en la página 45, el combustible en Europa cuesta dos o tres veces lo que cuesta en Norteamérica. Si se calcula el dólar en 95 pesetas, aproximadamente lo que era la

---

[1]*gives proof, reveals*   [2]*saved*

PRECIOS DEL CARBURANTE (en pesetas)			
PAIS	Gasolina súper	Gasolina normal	Gasoil
ALEMANIA	73-79	69-75	65-71
AUSTRIA	86-93		78-83
BELGICA	86	84-90	61
BULGARIA	63	55	46
DINAMARCA	125-126		79-80
ESPAÑA	78	72	58
FINLANDIA	107	100	73
FRANCIA	101	98	69
GRAN BRETAÑA (galón)	150	149	148
GRECIA	72	68	33-35
HOLANDA	101-104		54-55
HUNGRIA	57	52	62
IRLANDA	110	109	98
ITALIA	129	125	60
NORUEGA	96		41
POLONIA	33	29	23
PORTUGAL	103	99	63
RUMANIA	113	100	88
SUECIA	81	79	61
SUIZA	83		88
TURQUIA	51	47	34
MAGREB: ARGELIA	78	63	20
MARRUECOS	93	89	53
TUNEZ	80	78	41

Notas:
   1) Bonos turísticos de gasolina: es obligatorio adquirirlos en las fronteras de Bulgaria, Hungría, Polonia y Rumania. En Italia también existe esta posibilidad y pueden adquirirse tanto en la frontera como en las oficinas del RACE.
   2) Los países en los que no aparece precio de gasolina normal han sustituido ésta por gasolina sin plomo. Los propietarios de coches de este octanaje deberán llenar sus depósitos con gasolina súper.
   3) En numerosos países europeos no existe monopolio, por lo que los precios oscilan de unos establecimientos a otros dentro de una misma ciudad.
   4) Todos estos precios varían ligeramente de unas semanas a otras. Se trata de cifras aproximativas recogidas a principios de junio.

tasa de cambio cuando se preparó la gráfica, se ve que un galón, o cuatro litros de gasolina super, el octanaje que corresponde a la gasolina normal en los EE.UU., vale $3.28. Y España no es el país más caro para el combustible. Un galón de gasolina en Italia vale $5.43. Con la excepción de Hungría, el gasoil es más barato que la gasolina en todos los países. El gasoil es el combustible que se usa en los motores diesel. Por consiguiente, se ven muchos más automóviles con diesel en Europa que en los EE.UU.

Para fomentar el turismo, algunos países ofrecen bonos turísticos de gasolina. Con estos bonos, el turista extranjero puede comprar la gasolina sin pagar los impuestos, lo cual reduce el costo significativamente.

El automóvil ha sido el móvil para el desarrollo de toda una industria de servicios «al borde del camino»[3]: restaurantes, «moteles», gasolineras, etc., que dependen del automovilista. Sin embargo, hay que decir que el turismo, tal como se conoce en nuestros tiempos, debe su existencia al ferrocarril. En los EE.UU., por ejemplo, los ferrocarriles comunicaron las ciudades importantes con los centros de turismo y los antiguos baños termales, lugares como Sun Valley (Idaho), White Sulfur Springs (Virginia Occidental), Glenwood Springs (Colorado), Bretton Woods (Nuevo Hampshire) y Asheville (Carolina del Norte).

Los ferrocarriles

Durante los años 30, era el tren que unía la mayoría de las grandes ciudades. En los EE.UU. el tren llevaba el 77% de los pasajeros. Durante los años 50, el automóvil desplazaría[4] al tren como modo de transporte para más de la mitad de los viajeros. Menos del 46% de los viajeros iban en tren. El tren sigue disminuyendo en importancia comparado con otros métodos de transporte de pasajeros.

El Congreso de los EE.UU. autorizó la creación de AMTRAK en 1971. AMTRAK es una entidad medio pública, medio privada, que se creó para tratar de proteger los ferrocarriles. AMTRAK se ve hostigado[5] por los representantes de otros medios de transporte como las líneas aéreas y las compañías de autobuses de largo recorrido que consideran injusto que los ferrocarriles reciban subsidios del gobierno federal y ellos no. Los representantes de los ferrocarriles consideran injusto que el dinero recaudado en impuestos[6] para la construcción y mantenimiento de carreteras, la construcción y mantenimiento de aeropuertos, la provisión de controladores de tráfico aéreo, etc., todos subsidios del gobierno, debe ir todo a los otros medios de transporte. AMTRAK ha dado nueva vida a los ferrocarriles estadounidenses sin tener que depender demasiado del gobierno federal. Así, AMTRAK se ha inspirado mucho en las estrategias europeas donde los ferrocarriles son modelos de eficiencia. Los billetes kilométricos *(USA Railpass)* se introdujeron después de haber sido probados en Europa.

Se ha dicho que se puede poner el reloj en hora[7] según las salidas y llegadas de los trenes europeos. Será un poco exagerado, pero hay que admirar su puntualidad. Los trenes europeos ofrecen una variedad de servicios a sus clientes.

---

[3]*roadside*   [4]*would replace*   [5]*harassed*   [6]*collected through taxes*   [7]*set your watch*

Los trenes con coches cama y vagones para transportar automóviles le permiten al viajero dormir cómodamente y recoger su auto al llegar a su destino. En España la Red Nacional de Ferrocarriles Españoles (RENFE) está modernizando las vías e introduciendo una nueva generación de trenes de gran velocidad, los AVE. Las locomotoras de vapor se vieron reemplazadas por los diesel y después por las locomotoras eléctricas. En julio de 1950 se introdujo en España el tren TALGO (Tren Articulado Ligero Goicoechea Orio), inventado por el ingeniero Alejandro Goicoechea, un tren que era de gran velocidad y economía operacional. En algunos lugares los monorieles han sustituido a las vías tradicionales. Los trenes más rápidos hoy son los TGV (Tren de Gran Velocidad) franceses y los trenes «bala» japoneses. Los TGV han alcanzado velocidades de más de 500 kilómetros por hora.

En Hispanoamérica algunos de los lugares de mayor interés turístico son accesibles casi exclusivamente por tren. El viaje de San José a Puerto Limón en Costa Rica se hace en tren (o en carretera). El tren pasa por la selva y ofrece unas vistas maravillosas al pasajero. El viaje es lento, el tren es viejo, de vía estrecha, pero el viaje es inolvidable. El viaje del Cuzco a Machu Picchu en Perú también se hace en tren. El tren baja y sube los Andes. Las alturas son tales que hay que tener oxígeno disponible para los viajeros. La red de ferrocarriles mexicanos se ha mejorado mucho en años recientes, y sirve casi toda la República. También se enlaza con la red de AMTRAK de los EE.UU. facilitando así los viajes por tren por todo el continente.

La informática ha tenido un gran impacto en los ferrocarriles. Se emplean las computadoras para los sistemas de señalización y cambio de vías[8], para las tareas administrativas y para el despacho de billetes.

Los autobuses

En los EE.UU. hoy el número de compañías de autocares (autobuses de largo recorrido) es tres veces mayor de lo que era hace 25 años. Los autocares no sirven solamente a las grandes ciudades, sino que son indispensables para los pequeños pueblos lejos del ferrocarril y demasiado pequeños para el servicio aéreo. Pero el segmento de la industria de los autocares que está en pleno apogeo es el de los viajes en grupo organizados por los operadores de tours que fletan los autocares para los grupos de turistas. Los viajes en grupo también son popularísimos en Europa. Casi siempre estos viajes se hacen en autocar y los pasajeros son tanto turistas del país como extranjeros. En el caso de los extranjeros los viajes en grupo les hacen sentir menos perdidos, sobre todo cuando no hablan el idioma del país al que visitan. Se burla, a veces, de la rapidez con que los grupos hacen sus visitas a los lugares turísticos, pero este tipo de turismo es bastante económico y les permite a muchos hacer unos viajes que de otra manera nunca podrían hacer.

---

[8]*signaling and switching*

ESTUDIO DE PALABRAS _____

Ejercicio 1   Study the following cognates that appear in this chapter.

el automóvil	el costo	la economía
el transporte	el tren	el monoriel
las vacaciones	la línea aérea	el impacto
el vehículo	el autobús	
el carro	la compañía	personal
el incremento	el subsidio	estricto
la visita	el representante	adicional
el campista	la construcción	eléctrico
la situación	la eficiencia	operacional
el acceso	la puntualidad	accesible
el área	la locomotora	

Ejercicio 2   Complete each statement with the appropriate word(s).

1. Otra palabra que significa «coche» o «carro» es _____.
2. El automóvil es el medio de _____ más utilizado en muchas partes del mundo.
3. El automóvil, el autobús y el camión son todos _____.
4. El que hace o va de camping es un _____.
5. Hoy la mayoría de las locomotoras son _____. Quedan muy pocas _____ de vapor.
6. El coche es un vehículo _____ y el autobús es un vehículo público.
7. Lan Chile es la _____ nacional de Chile y Aeroperú es la _____ nacional del Perú.
8. Los _____ en muchos países de Europa siempre llegan y salen a tiempo.
9. El _____ es el dinero que el gobierno ofrece para ayudar a una empresa tal como una línea aérea nacional.
10. Lo que cuesta algo es el _____.

Ejercicio 3 Complete each expression with the appropriate word(s).

1. strict regulation	el reglamento _____
2. additional cost	el costo _____
3. operational cost	el costo _____
4. personal car	el carro _____
5. bus company	la _____ de autobuses

Ejercicio 4   Match the English word or expression in Column A with its Spanish equivalent in Column B.

A	B
1. highway	a. la caravana
2. toll	b. el tramo
3. trailer	c. la carretera

4. motorcycle
5. thruway, expressway
6 traffic jam
7. jammed, blocked
8. driver
9. span, stretch
10. maintenance

d. la autopista
e. el conductor
f. el peaje
g. el mantenimiento
h. la motocicleta
i. atascado
j. el embotellamiento

Ejercicio 5 Complete each statement with the appropriate word(s).
1. Hay mucho tráfico. La autopista está _____. Al acercarse a la capital hay _____ horribles.
2. Una _____ es una carretera grande.
3. El dinero que se paga para poder usar una carretera o una _____ es el _____.
4. Cuando hay mucho tráfico, puede tomar media hora para recorrer un _____ de tres kilómetros.
5. El Ministerio de Obras Públicas se encarga del _____ de las carreteras y autopistas.
6. El que conduce el carro es el _____.
7. Un coche tiene cuatro ruedas y una _____ tiene dos.
8. Muchos aficionados al camping tienen _____.

Ejercicio 6 Answer.
1. ¿Tiene Ud. un coche (carro)?
2. En total, ¿cuántos vehículos hay en su familia?
3. ¿Cuál es la carretera principal cerca de su casa?
4. ¿Hay también una autopista?
5. ¿Es una autopista de peaje?
6. ¿Cuánto es el peaje?
7. ¿A qué hora hay embotellamientos en la autopista?
8. ¿Tiene Ud. una caravana o motocicleta?

Ejercicio 7 Match the English word or expression in Column A with its Spanish equivalent in Column B.

A	B
1. railroad	a. el tren de gran velocidad
2. arrival	b. el vagón
3. departure	c. el ferrocarril
4. car (of a train)	d. enlazar
5. sleeper	e. el coche cama
6. track	f. la vía
7. narrow gauge track	g. de vía estrecha
8. high-speed train	h. la llegada
9. to connect (two points)	i. la salida

Ejercicio 8   Match the word or expression in Column A with its Spanish equivalent in Column B.

A	B
1. el ferrocarril	a. el carril
2. de alta velocidad	b. el coche que tiene literas
3. la vía	c. el tren
4. el coche cama	d. lo contrario de «la salida»
5. el coche de un tren	e. que anda muy rápido
6. la llegada	f. el vagón
7. enlazar	g. conectar

Ejercicio 9   Complete each statement with the appropriate word(s).
1. Un monoriel anda sobre una sola _____.
2. Este tren tiene locomotora y seis _____.
3. La red de ferrocarriles mexicanos se _____ con AMTRAK en los Estados Unidos.
4. En la estación de ferrocarril hay un tablero que indica las _____ y las _____ de los trenes.
5. Un tren _____ anda a más de 250 kilómetros por hora.

Ejercicio 10   Match the English word or expression in Column A with its Spanish equivalent in Column B.

A	B
1. beach resort	a. el baño termal
2. to pitch a tent	b. el autobús de largo recorrido
3. weekend	c. fletar
4. thermal spa	d. el controlador de tráfico aéreo
5. computer science	e. el balneario
6. to charter	f. el fin de semana
7. long-distance bus	g. la informática
8. air traffic controller	h. levantar una tienda

Ejercicio 11   Complete each statement with the appropriate word(s).
1. Los campistas que no tienen caravana, _____ una _____.
2. El _____ supervisa la llegada (el aterrizaje) y la salida (el despegue) de los aviones. El _____ trabaja en una torre en el recinto del aeropuerto.
3. Los _____ pueden ser cómodos. A los autobuses _____ se les llaman también «autocares».
4. Muchas asociaciones (organizaciones) _____ autobuses para hacer excursiones. Es un tipo de turismo bastante económico.
5. Hay muchos _____ en la costa.

6. Hot Springs, Arkansas, es un _____.

7. La _____ emplea las computadoras, la programación, etc.

COMPRENSION _____

Ejercicio 1   Select the appropriate word(s) to complete each statement.

1. El _____ es el medio de transporte más utilizado.
   a. autobús   b. avión   c. coche

2. El camping es una diversión que está _____ en popularidad.
   a. aumentando   b. bajando   c. reemplazando

3. Hay que pagar para usar una autopista con _____.
   a. monoriel   b. varios carriles   c. peaje

4. El medio de transporte que sigue disminuyendo en importancia, sobre todo en los Estados Unidos, es el _____.
   a. avión   b. ferrocarril   c. autobús

5. En los Estados Unidos _____ reciben subsidios directos del gobierno.
   a. las líneas aéreas   b. las compañías de autobuses   c. los ferrocarriles

6. Los ferrocarriles emplean _____ para la señalización, el cambio de vías y el despacho de billetes (boletos).
   a. controladores   b. computadoras   c. contables

7. El número de compañías de autocares está _____ en los Estados Unidos.
   a. disminuyendo   b. aumentando   c. siguiendo estable

Ejercicio 2   Answer.

1. ¿Cuántas veces al año va la mitad de las familias norteamericanas de vacaciones?

2. ¿Cómo van?

3. Hoy día, ¿cómo se ven las autopistas de España, sobre todo en los alrededores de las grandes ciudades como Madrid?

4. ¿Qué es el MOPU en España?

5. Históricamente, ¿a qué se debe su existencia el turismo?

6. ¿Qué es AMTRAK?

7. ¿Por qué se ve AMTRAK hostigado por los representantes de otros medios de transporte?

8. ¿Cuáles son algunas características de los trenes europeos?

9. ¿Cuáles son dos viajes en tren que son muy interesantes en la América Latina?

10. ¿Sirven solamente las grandes ciudades los autocares?

11. ¿Qué es un autocar?

Ejercicio 3   Follow the directions.

1. Prepare Ud. una lista de vehículos personales.
2. Prepare Ud. una lista de las industrias de servicios «al borde del camino».

Ejercicio 4   Identify the following.

1. el TALGO
2. el TGV
3. el «bala»

Capítulo **8**
RECREO ORGANIZADO

Ya se ha hablado de los viajes en grupo y los recorridos de muchos kilómetros que hacen los turistas en autocar batiendo los récords de tiempo. Pero hay otras formas de recreo y turismo organizados.

Turismo para los jóvenes

Aquí se trata mayormente de vacaciones deportivas organizadas por diferentes asociaciones y agencias culturales y deportivas. Los albergues de juventud son una red internacional de centros de alojamiento a la disposición de los turistas jóvenes. El turismo estudiantil se está desarrollando rápidamente y ofrece unas oportunidades más y más variadas: trabajos de construcción y restauración, viajes-aventuras, viajes de estudio, etc. Para los estudiantes que viajan hay una tarjeta de identidad estudiantil internacional que les ayuda a los estudiantes a conseguir descuentos, kilométricos para estudiantes y vuelos especiales para estudiantes.

Los Refugios de montaña son asociaciones sin fines de lucro[1] cuyo propósito es el de desarrollar el alpinismo. Hay también escuelas de alpinismo, especialmente en el Pirineo español. Una variedad de asociaciones de aficionados a deportes específicos como el tenis, el golf, la plancha de vela y el esquí organizan viajes y excursiones a lugares en todo el mundo para practicar el deporte. Los parques de atracciones como Disneylandia y el EPCOT Center, tan populares en los EE.UU., empiezan a establecerse en Europa. Francia y España estuvieron en competencia para ser el lugar de la primera Disneylandia europea. Francia ganó. Los parques acuáticos están muy de moda en muchos lugares.

Condominios, villas y «time-share»

En los centros de veraneo de España e Hispanoamérica, especialmente en México, Costa Rica y el Caribe, el concepto de compartir un condominio con otros está en boga. Se compra un condominio entre varios. Los dueños[2] se ponen de acuerdo sobre la época del año cuando prefieren usar el condominio y firman un acuerdo[3]. También pueden alquilar el condominio y recibir las rentas. En la Costa del Sol en España y en las playas mexicanas y caribeñas es común alquilar toda una villa o mansión para las vacaciones. Estas villas se alquilan a veces con su propia servidumbre. Los huéspedes no tienen que preocuparse por nada, excepto pagar.

---

[1]*nonprofit*   [2]*owners*   [3]*sign an agreement*

Los clubes de vacaciones

Los clubes de vacaciones han tenido gran éxito y han sido muy rentables[4]. Durante todo el año reciben a sus clientes en bloques. Les ofrecen el aislamiento en un ambiente exótico de playa, con el mar y el calor del sol. El éxito del Club Med ha dado pruebas de lo que son los deseos de su clientela: un club-aldea donde todo les está hecho, donde no tienen que preocuparse por ningún detalle, donde todo está organizado por un personal diestro y hábil. El Club Med tiene unos 200 lugares, desde Malasia hasta México, y unos 7.000 «Gentiles Organizadores» (G.O.) que dan la bienvenida a miles de «Gentiles Miembros» (G.M.) que buscan unas vacaciones en el paraíso. Los G.O. son jóvenes, atractivos, bronceados[5], sonrientes[6], y tratan a sus clientes como a amigos. Sus tareas diarias son las de preparar una barbacoa o una paella, de enseñar la natación o el buceo, la equitación o el tenis y de organizar excursiones. Para los niños el club ha abandonado las tradicionales clases de gimnasia, las mañanas en la playa, y las ha reemplazado con unos programas que divierten a todos, como las actividades de circo, acrobacia, trapecio[7], trampolina y volatín[8]. Los niños se entretienen y los padres se quedan tranquilos.

Una de las fórmulas del club es de imitar las costumbres locales: llevar un camisón tropical, dormir sobre un colchón de paja[9], pagar con perlas. Los lugares de veraneo se encuentran sobre todo en el Mediterráneo, en el sur de Italia, en el Caribe, en Grecia, en Israel y en el norte de Africa. El club se coloca en lugares que no han sido frecuentados por los turistas antes del establecimiento de las aldeas. El fundador del Club compró los terrenos a buen precio y, en general, la mano de obra local tiende a ser bastante barata. El tamaño de cada club es el mismo, entre 500 y 1.000 personas. Entre las ventajas es la de poder dirigir las operaciones fácilmente y a la vez conservar el ambiente de aldea.

En el invierno, el Club alquila hoteles que se convierten en hoteles-clubes. Las visitas «de paquete» atraen a muchos clientes y a menudo ayudan a salvar y a desarrollar algunos centros de esquí. Los clientes de las aldeas de montaña vienen especialmente para esquiar más que por las actividades del club, lo contrario de los clientes de verano, que buscan más que nada el exotismo. Hay otros clubes que ofrecen el mismo tipo de vacación que el Club Med. Algunos son de agencias de viajes o de compañías de cruceros. Todos venden el sol, la escapada y un rincón del paraíso.

---

[4]*profitable*   [5]*tanned*   [6]*cheerful*   [7]*trapeze*   [8]*tightrope walking*   [9]*straw mattress*

ESTUDIO DE PALABRAS _____

Ejercicio 1 Study the following cognates that appear in this chapter.

el grupo	la clientela	la perla
la asociación	el detalle	la actividad
la agencia	el personal	
la disposición	el paraíso	cultural
la oportunidad	la barbacoa	estudiantil
la restauración	el tenis	variado
el descuento	la gimnasia	local
el condominio	el circo	tropical
la villa	la acrobacia	
el club	el trampolín	imitar
las vacaciones	la costumbre	esquiar

Ejercicio 2 Match the word in Column A with its definition in Column B.

A	B
1. una asociación	a. que cambia
2. variado	b. el conjunto de empleados
3. el descuento	c. una manera de cocinar y preparar la comida
4. el personal	d. una organización
5. la barbacoa	e. una reducción en el precio

Ejercicio 3 Complete each expression with the appropriate word(s).

1. cultural activities   las actividades _____
2. sporting activities   las _____ deportivas
3. student discount   el _____ estudiantil
4. student identification   la identidad _____
5. restoration project   un proyecto de _____
6. vacation club   el _____ de vacaciones
7. trained personnel   el _____ diestro
8. corner (piece) of paradise   un rincón del _____
9. group trip   el viaje en _____
10. local customs   las costumbres _____

Ejercicio 4 Give the word being defined.

1. del estudiante
2. de la cultura
3. el conjunto de clientes
4. de los trópicos
5. de la región inmediata

Ejercicio 5   Match the English word or expression in Column A with its Spanish equivalent in Column B.

A	B
1. run, journey, trip	a. el alpinismo
2. youth hostel	b. el alojamiento
3. lodging	c. el veraneo
4. student ID card	d. el recorrido
5. summering	e. el albergue de juventud
6. time of the year	f. el parque de atracciones
7. amusement park	g. la época del año
8. mountain climbing	h. la tarjeta de identidad estudiantil

Ejercicio 6   Complete each statement with the appropriate word(s).
1. Mucha gente va de _____ en la costa para disfrutar de la playa.
2. En muchos países hay _____ que dan a _____ a los jóvenes que viajan.
3. El _____ es un deporte que se practica en las montañas.
4. Muchos estudiantes que viajan llevan una _____ que les da derecho a muchos descuentos.
5. La _____ en que la mayoría de la gente va de vacaciones es el verano.
6. Disneylandia es un _____ grandísimo.

Ejercicio 7   Match the English word or expression in Column A with its Spanish equivalent in Column B.

A	B
1. to rent	a. dar la bienvenida
2. to share	b. el club-aldea
3. domestic staff	c. el buceo
4. club village	d. la equitación
5. to welcome	e. compartir
6. scuba diving	f. alquilar
7. swimming	g. la servidumbre
8. horseback riding	h. la natación

Ejercicio 8   Complete each statement with the appropriate word(s).
1. A veces algunos amigos se agrupan para _____ y _____ un apartamiento, un condominio o una villa para las vacaciones.
2. A veces es posible _____ una villa o mansión que tiene su propia _____ para cocinar y limpiar la casa.
3. El _____ y la _____ son deportes acuáticos.
4. El Club Med, una compañía francesa, es un buen ejemplo de una _____.
5. El personal del club-aldea les _____ a sus huéspedes o clientes.

Ejercicio 9   Give the word or expression being defined.
1. recibir o acoger de una manera amable
2. el montar a caballo
3. lo contrario de «comprar»
4. el personal que hace las tareas domésticas
5. el nadar

COMPRENSION

Ejercicio 1   Answer.
1. ¿Qué son los albergues de juventud?
2. ¿Para qué sirve la tarjeta de identidad estudiantil?
3. En el mundo hispano, ¿dónde es popular el alpinismo?
4. ¿Cuál es el lugar de la primera Disneylandia en Europa?
5. ¿Qué hacen los dueños que compran un condominio entre varios?
6. ¿Cuál es un club-aldea que ha tenido mucho éxito?
7. ¿Qué les ofrece a sus clientes o huéspedes un club-aldea?
8. ¿Cuál es la diferencia entre los deseos de la clientela que frecuenta los clubes de veraneo y los que frecuentan los clubes invernales?

Ejercicio 2   Follow the directions.
Prepare Ud. una lista de servicios disponibles en un club-aldea.

Capítulo 9
PLANIFICACION
TURISTICA

La importancia de la planificación turística es obvia cuando se tiene en cuenta que el turismo internacional representa más del 5% del comercio internacional. Los gobiernos ya no pueden dejar totalmente en manos particulares el desarrollo del turismo nacional, mayormente cuando, como se ha visto en el capítulo 3, el turismo afecta el balance de pagos de un país. No se trata simplemente de actividades de promoción y de marketing. Se trata de la planificación, organización y reglamentación del turismo. El impacto del turismo es cada vez mayor en la economía y la ecología y dentro del marco social y cultural. La vida en las sociedades urbanas es muy distinta a la de las sociedades rurales. Hay que estudiar el comportamiento de los habitantes y el de los posibles visitantes. Toda decisión dentro del ámbito turístico se toma a base de ciertos conceptos fundamentales.

El desarrollo

Esto varía según el grado de industrialización y el nivel de vida de determinado país. En los países industrializados, el progreso se mide[1] de acuerdo con el crecimiento industrial. El turismo no era todavía una industria. No era hasta comienzos de los años 70 que se empezaba a pensar en el turismo como un medio de transformación no solamente económico, sino también social y cultural. Mas en las regiones en vías de desarrollo, el turismo, como catalizador de cambio social y cultural, tiene una importancia primordial[2].

En las regiones industrializadas, el desarrollo turístico se ve limitado por la cantidad de recursos naturales disponibles[3] y la falta de espacio. En las ciudades, el turismo vinculado[4] a los negocios y a los congresos, y el turismo de vacaciones han crecido espectacularmente. Hay que asegurar que el desarrollo turístico no afecte las condiciones ecológicas locales, regionales ni hasta nacionales.

La planificación

Hay que tener en cuenta al mismo tiempo factores económicos, políticos y sociales, algo que no es siempre fácil de hacer de una manera global. Existen dos tipos de planificación: la que se ocupa de precisar las metas o los objetivos y aquella

---

[1]*is measured*   [2]*extremely important*   [3]*available*   [4]*connected to, related to*

que determina los medios que se emplearán para lograrlas. A pesar de que lo ideal sería una planificación integral basada en un análisis del sistema económico global, la mayoría de los países emplean una planificación a corto o medio plazo. Esto se debe a que el turismo no es siempre reconocido como sector de gran rentabilidad en la economía.

El planeamiento regional

La idea de planeamiento regional, la división y asignación geográfica de actividades económicas, es relativamente reciente. Aparece a principios de los años 30 después de la crisis económica de 1929. Primero, se trata del planeamiento del territorio físico enfocando en el desarrollo del turismo y el recreo de masas que afecta todos los sectores públicos. Después, hay que estudiar el tiempo de que cada uno dispone y de allí el planeamiento de los horarios de trabajo y de descanso. Se vuelve cada vez a los factores sociales, económicos y culturales.

El papel del gobierno en el turismo

El planeamiento regional en el área del turismo es responsabilidad tanto de los gobiernos nacionales como regionales. En muchos países hispanos hay una secretaría o dirección general de turismo, una importante agencia gubernamental, que tiene la responsabilidad de fomentar y proteger el turismo nacional. Estas secretarías o direcciones generales se ocupan de la propaganda turística, de exposiciones en el extranjero, de programas de investigación para determinar las preferencias e intereses de los turistas potenciales. También vigilan las condiciones de los hoteles y otros servicios turísticos. Les dan las «estrellas» a los hoteles que determinan la categoría de los establecimientos y por consiguiente las tarifas que se les permite cobrar. Preparan y distribuyen folletos y carteles que cantan las bellezas del país, y tienen oficinas de turismo, tanto dentro del país en los centros de turismo como en el exterior para servir al turista potencial. Muchos gobiernos provinciales o estatales ofrecen servicios análogos.

Instalaciones y atracciones

Para atraer al turista hay que poder satisfacer sus necesidades. Hay que conocer al cliente, sus costumbres y sus gustos. Hay que proveerle de comida (restaurantes de lujo o económicos), de entretenimiento (discotecas, cines, deportes), de actividades culturales (teatro, conciertos, museos, etc.) o de bellezas naturales (montañas, playas, etc.). La planificación y la administración del turismo requieren la participación de muchos expertos de diferentes ramas[5] y a todos los niveles, tanto local y regional como nacional e internacional.

---

[5]*branches*

ESTUDIO DE PALABRAS

Ejercicio 1   Study the following cognates that appear in this chapter.

la planificación	la crisis	turístico
la importancia	el territorio	internacional
el gobierno	el sector	social
el balance	la agencia	cultural
la actividad	la exposición	natural
la organización	el programa	político
la reglamentación	la preferencia	regional
el impacto	la categoría	público
la economía	el establecimiento	gubernamental
la ecología	la atracción	
el grado	la discoteca	representar
la industrialización	el teatro	variar
el progreso	el concierto	preparar
la industria	el museo	distribuir
el catalizador	el experto	requerir
el objetivo	el hotel	
el análisis	el restaurante	
la división	la promoción	

Ejercicio 2   Complete each expression with the appropriate word(s).

1. international trade   el comercio _____
2. balance of payments   el _____ de pagos
3. natural resources   los recursos _____
4. public sector   el _____ público
5. government agency   la _____ gubernamental
6. research program   el _____ de investigación
7. degree of industrialization   el grado de _____
8. promotional activities   las actividades de _____

Ejercicio 3   Give the word being defined.

1. de la política
2. de la cultura
3. del gobierno
4. del turismo
5. de la región
6. de la sociedad

Ejercicio 4   Match the place with the activity.

A	B
1. el teatro	a. el alojamiento
2. el concierto	b. el baile, el bar
3. el museo	c. la comida

4. la discoteca
5. el hotel
6. el restaurante

d. la comedia, la tragedia, el arte
   dramático
e. la música, la sinfonía
f. una exposición de arte

Ejercicio 5   Match the English word or expression in Column A with its Spanish equivalent in Column B.

A	B
1. behavior	a. en vías de desarrollo
2. standard of living	b. fomentar
3. growth	c. el comportamiento
4. developing	d. la rentabilidad
5. lack of space	e. el nivel de vida
6. goal	f. el desarrollo
7. short-term	g. la falta de espacio
8. profitability	h. el crecimiento
9. development	i. a corto plazo
10. to promote	j. la meta
11. depression	k. la crisis económica

Ejercicio 6   Complete each statement with the appropriate word(s).
1. No me gusta nada su _____. Lo debe cambiar. No tiene buenos modales y parece mal criado.
2. Muchos países del continente sudamericano son países _____; no son países industrializados.
3. _____ tuvo lugar en 1929 y muchos países sufrieron consecuencias económicas negativas.
4. Hay dos tipos de planificación importantes: la planificación _____ y la planificación a largo plazo.
5. El _____ es el más alto en la América del Norte y en la Europa Occidental.
6. El _____ de la industria del turismo es muy importante en los países en vías de desarrollo.
7. Muchos gobiernos tienen campañas para _____ el turismo.
8. La industria del turismo se ve limitada en los países industrializados por una _____.

Ejercicio 7   Give the word or expression being defined.
1. una situación económica muy mala
2. promover
3. por un período de poco tiempo
4. la habilidad para ganar dinero y producir beneficios
5. como vive la gente
6. el objetivo

Ejercicio 8 Match the English word or expression in Column A with its Spanish equivalent in Column B.

A	B
1. tourist office	a. la propaganda
2. brochure	b. la investigación
3. poster	c. cobrar
4. entertainment	d. la oficina de turismo
5. plant; fittings	e. el congreso
6. recreation	f. el folleto
7. advertising	g. el cartel
8. research	h. la tarifa
9. beauty	i. el recreo
10. rate	j. el horario
11. to charge	k. disponer de
12. to have available	l. la instalación
13. timetable, schedule	m. la belleza
14. convention	n. el entretenimiento

Ejercicio 9 Complete each statement with the appropriate word(s).
1. Muchos gobiernos mantienen una _____ en las grandes ciudades dentro del país y en el exterior. Proveen _____ y _____ para los visitantes potenciales.
2. Si la gente _____ de mucho tiempo libre, toman vacaciones largas.
3. La _____ sobre las bellezas naturales de un lugar o área ayuda a fomentar el turismo.
4. La _____ que _____ un hotel de lujo no es la misma _____ que cobra un pequeño hotel modesto.
5. Para tratar de conocer al cliente y satisfacer sus deseos y necesidades es a veces necesario conducir un programa de _____.
6. Las discotecas, los cines, etc., son ejemplos de _____.
7. El _____ es una reunión de un grupo de personas que tienen intereses comunes.
8. Hay que verificar la hora de salida del tren en el _____.

COMPRENSION _____

Ejercicio 1 True or false?
1. El turismo internacional representa una parte considerable del comercio internacional.
2. Es necesario que los gobiernos consideren importantes el desarrollo y la planificación del turismo nacional.
3. La planificación del turismo no es nada más que una excelente serie de actividades promocionales.

4. Siempre se le ha considerado al turismo una industria.
5. El turismo por razones distintas en diferentes países no se considera siempre un sector de gran rentabilidad en la economía.

Ejercicio 2   Answer.

1. ¿Desde cuándo se considera el turismo una industria?
2. ¿Cómo y por qué es limitado el desarrollo turístico en las regiones industrializadas?
3. ¿Cuáles son dos tipos de planificación turística?
4. En muchos países hispanos, ¿cuál es la responsabilidad de la secretaría o dirección general de turismo?
5. ¿Qué hacen estas secretarías o direcciones?
6. ¿Qué hay que hacer para atraer al turista?

Capítulo 10
MARKETING
DEL TURISMO

Todos los principios de marketing se aplican también a la industria del turismo: la segmentación del mercado, los estudios de mercado, el marketing mix (producto, promoción, precio y lugar). No obstante, para el turismo, los datos necesarios durante las diferentes fases de marketing son relativamente fáciles de obtener.

La segmentación del mercado

Hay varias maneras de segmentar el mercado. Para cada una los datos necesarios ya existen.

Motivos por el viaje En los EE.UU. un reciente estudio de mercado ha proveído los siguientes datos sobre los motivos por los que se hace un viaje:

Visita a amigos o parientes	44%
Crucero	1%
Parque de atracciones	3%
Lugar de descanso	8%
Visita turística	14%

Distribución demográfica En este caso las variables son de orden físico, geográfico y personal. Se toman en cuenta la edad, los ingresos, el sexo, la familia, el origen étnico, el nivel de educación, etc. Las estadísticas demográficas que recoge el gobierno son muy valiosas.

Análisis de los modos de vida Sobre todo, se trata de descubrir cuáles son los intereses culturales, las opiniones y las costumbres de los viajeros. Después se trata de desglosar las características comunes. Todavía no existe ninguna descripción o lista que realmente describa estas variables de la «moda de vida» ya que se trata de un campo relativamente nuevo. Hasta ahora se ha preocupado sobre todo de características tales como las actividades políticas, el interés en las artes, la religión y los recreos. Se consideran también las características personales. Un estudio reciente de los viajeros del estado de Massachussetts, por ejemplo, indica que el turista típico se preocupa mucho de sus hijos; es optimista en cuanto al porvenir[1]; es muy selectivo y cuidadoso cuando compra y confía[2] más en los amigos que en la propaganda.

---

[1] *future* [2] *trusts*

Esta manera de segmentar el mercado todavía es experimental y todavía no se sabe cuáles son las características más importantes. Pero es un método prometedor[3]. Una línea aérea norteamericana así ha descubierto que los aficionados a las carreras de automóviles tienen una buena imagen de la línea. Se puede imaginar las campañas publicitarias que se podrían crear a base de ese descubrimiento.

Los estudios de mercado y la investigación

En esta área el turismo goza de una gran ventaja[4]. Los datos son fáciles de obtener. Los hoteles piden a sus clientes que respondan a unos cuestionarios; lo mismo hacen las líneas aéreas con rutas intercontinentales. Por otra parte existe una cantidad masiva de información gratuita, las encuestas hechas por el gobierno o por las grandes empresas como la American Express o las cadenas hoteleras. Las oficinas nacionales de turismo, además de proveer los servicios anteriormente mencionados, son una fuente[5] importante de datos sobre los gustos y costumbres de los turistas. Recogen[6] los datos y preparan informes estadísticos valiosos para la industria turística. Las Cámaras de Comercio en los EE.UU. y muchos otros países proveen información de gran utilidad a los directores de marketing, sin costo alguno. Existe gran número de periódicos y revistas dedicadas exclusivamente al turismo. Los agentes de viajes se valen de estas publicaciones para mantenerse al corriente de lo que está ocurriendo en la profesión.

El mercado de viajes y turismo sigue creciendo. Ha llegado a ser una verdadera industria. Y como industria se ha beneficiado de los avances y las técnicas modernas que se aplican a las otras industrias importantes.

---

[3]*promising*   [4]*advantage*   [5]*source*   [6]*They collect*

ESTUDIO DE PALABRAS

Ejercicio 1   Study the following cognates that appear in this chapter.

el marketing	la descripción	geográfico
la segmentación	la lista	personal
el producto	las artes	étnico
la promoción	la religión	cultural
los datos	la actividad	político
el motivo	la característica	moderno
la visita	la imagen	selectivo
la distribución	la campaña	publicitario
la variable	el cuestionario	intercontinental
el sexo	la ruta	gratuito
la familia	la información	
el origen	el avance	beneficiar
la estadística		obtener
el análisis	necesario	segmentar
el interés	demográfico	existir
la opinión	físico	

Ejercicio 2   Complete each expression with the appropriate word(s).

1. market segmentation	la _____ del mercado
2. marketing principles	los principios de _____
3. necessary data	los datos _____
4. personal motive	el _____ personal
5. ethnic origin	el _____ étnico
6. cultural interests	los intereses _____
7. political activities	las _____ políticas
8. personal characteristics	las _____ personales
9. publicity campaign	la campaña _____
10. free information	la _____ gratuita

Ejercicio 3   Match the verbs in Column A with related nouns in Column B.

A	B
1. distribuir	a. la visita
2. segmentar	b. el avance
3. visitar	c. la distribución
4. analizar	d. la descripción
5. describir	e. la segmentación, el segmento
6. avanzar	f. el motivo
7. interesar	g. el análisis
8. motivar	h. el interés

Ejercicio 4   Select the term being described

la edad   la religión
el sexo   el origen étnico
la política   la familia
la educación

1. el niño, el joven, el adulto, el mayor, el viejo
2. hispano, polaco, afroamericano, italiano, alemán
3. republicano, demócrata, independiente
4. católico, protestante, judío, musulmán
5. los padres, los hijos, los parientes
6. la escuela elemental, la escuela secundaria, la academia, la universidad
7. masculino, femenino, el varón, la hembra

Ejercicio 5   Give the word or term being defined.

1. la división
2. los informes
3. el estudio detallado y minucioso
4. una serie de preguntas
5. libre
6. de la publicidad
7. la pintura, la escultura
8. la idea

Ejercicio 6   Match the English word or expression in Column A with its Spanish equivalent in Column B.

A	B
1. price	a. la carrera
2. cruise	b. el lugar de descanso
3. amusement park	c. la costumbre
4. place of rest	d. al corriente
5. income	e. el precio
6. life-style	f. la Cámara de Comercio
7. custom	g. los ingresos
8. fan	h. el parque de atracciones
9. race	i. el aficionado
10. chain	j. la cadena
11. Chamber of Commerce	k. el crucero
12. up-to-date, aware	l. el modo de vida

Ejercicio 7   Complete each statement with the appropriate word(s).
1. El cliente quiere saber el _____ del viaje. Tiene que saber cuánto le va a costar.
2. Hilton es una _____ hotelera americana y Meliá es una _____ hotelera española.
3. Hay _____ ciclistas, _____ de caballos, de automóviles, etc.
4. Un buen agente de viajes está _____ de lo que está pasando en muchas partes del mundo.
5. Ella tiene muchos intereses culturales. Es muy _____ al arte, al cine, a la música, etc.
6. El _____ de vida de una persona depende mucho de sus _____.
7. Un _____ tiene una montaña rusa *(roller coaster)*, una rueda mágica *(ferris wheel)*, etc.
8. La _____ es una organización de comerciantes que existe en muchos pueblos y ciudades en muchas partes del mundo.
9. El _____ es un viaje de turismo por mar.
10. Los españoles tienen la _____ de cenar tarde.

COMPRENSION

Ejercicio 1   Answer.
1. ¿Cuáles son los cuatro factores del marketing mix?
2. ¿Cuáles factores demográficos influyen en el tipo de viaje que hará una persona?
3. ¿Cómo y por qué es fácil recoger datos para hacer una investigación turística?

Ejercicio 2   True or false?

1. Los principios de marketing que se aplican al turismo son muy diferentes de los que se aplican a las otras industrias.
2. Es importante saber por qué motivos los turistas viajan.
3. El modo de vida de una persona no tiene nada que ver con el tipo de viaje que escogerá.
4. Hoy en día la investigación sobre el turismo se preocupa más de las características personales.

Ejercicio 3   Follow the directions.

Prepare Ud. una lista de los recursos disponibles para el responsable de marketing que quiere hacer investigaciones turísticas.

Capítulo 11
PASADO Y FUTURO

En 1841 un librero[1] y evangelista británico, Thomas Cook, tuvo la idea de fletar un tren para llevar a sus correligionarios desde Leicester a Loughborough, ida y vuelta, para asistir a una reunión trimestral. Hicieron el viaje 570 personas por el Midland Counties Railway a un precio especial. El Sr. Cook organizó excursiones a diferentes lugares de Inglaterra, y después a Escocia. En 1856 Cook organizó el primer gran tour circular de Europa. Las primeras excursiones «de paquete» que incluían todo el transporte y alojamiento para turistas de condiciones económicas modestas se deben a Thomas Cook. En 1867 Cook & Son prepararon una excursión a la Exposición de París para 20.000 personas. Ya para los 1880 Cook llevaba a grupos de turistas por toda Europa, a Egipto, donde el jedive le otorgó[2] a Cook el control de todos los barcos de pasajeros y, por fin, a todo el mundo. El primer viaje «alrededor del mundo» de la compañía Cook data de 1872. Hoy hay empresas como la Cook en todos los países industrializados, la American Express de los EE.UU., Viajes Marsans en España.

Algunos han calculado que para el año 2000, las 570 personas que viajaron con Thomas Cook a la reunión de Loughborough se convertirán en algo así como 2.000 millones de turistas, un número superior al total de las poblaciones de China, India, la C.E.U., Japón, Brasil y Bangladesh. Actualmente, durante las épocas de turismo, en Bermuda y en las Bahamas, por ejemplo, para cada cinco habitantes hay un turista.

También se ha pronosticado que para el año 2000, en los países industrializados, los trabajadores recibirán unas 13 semanas de vacaciones al año. ¿A qué se dedicarán esas personas durante esas 13 semanas? La educación para adultos será importante, sin duda, igual que otras actividades sociales y fraternales. Pero lo más probable será que gran parte de esas 13 semanas se pasarán en viajes. ¿Y quiénes serán los viajeros? Pues los de siempre, más otros nuevos turistas. Ya no serán solamente los norteamericanos y británicos, los franceses, alemanes y escandinavos y los japoneses. Serán los árabes, los españoles, los taiwaneses y los de los países que se encontraban detrás del «telón de acero»[3].

---

[1]*bookseller*   [2]*granted*   [3]*"iron curtain"*

¿Y adónde irán? Los nuevos turistas visitarán los mismos lugares que los turistas anteriores, los grandes centros culturales—Roma, Atenas, París, Londres y también los EE.UU. Irán a ver los museos y monumentos. Los otros turistas, los muy experimentados, se habrán cansado de Italia y Francia y buscarán lugares menos frecuentados. De ahí el gran interés en los viajes «ecológicos», a lugares remotos para admirar la naturaleza. En esta categoría están los safari al este de Africa, safari donde los «cazadores»[4] disparan el flash de la cámara y no un rifle, los viajes a la Amazonia, a las islas Galápagos, a la Antártida. Es interesante notar la conexión entre la fotografía y el turismo. Desde el siglo XIX los viajeros, en un gran tour de Europa, un viaje a las pirámides o una excursión al «Wild West» de Norteamérica, siempre iban acompañados de su aparato fotográfico. La foto les permite a los viajeros impresionar a sus amigos cuando vuelven de los viajes y así satisfacer unas necesidades psicológicas.

Todavía no se entiende completamente lo que motiva al turista. Los viajes son símbolos de «status» obviamente. Y hay centros turísticos que atraen a diferentes tipos y clases de viajero. También hay muchos turistas que tienen un verdadero interés en conocer otras culturas y a otras gentes. Y hay, claro está, gente que busca diversión de todas clases—desde los que iban a los baños por razones de salud, a los que iban al Tibet en busca de algún gurú, a los clientes de Las Vegas, Monte Carlo y ahora Atlantic City, que gozan del juego y de los grandes espectáculos. Algunos psicólogos dicen que una de las necesidades que satisface el turismo es el de sentirse superior. Cuando el turista, residente de un país rico industrializado, visita un país pobre, del tercer mundo, donde se le provee todas las comodidades y se le satisface todos sus placeres a precio económico, se siente contento de sí y del privilegio que es suyo por pertenecer a un país «avanzado». No obstante, si en algún momento es testigo[5] de la pobreza, la miseria, la falta de higiene, de las que sufre la población local, muchas veces se molesta, no por la injusticia, sino porque el gobierno local haya permitido que se observen esas condiciones.

El turismo puede tener un impacto positivo. Puede llevar a la comprensión y al respeto mutuo. También puede tener un impacto negativo. Puede reforzar los estereotipos y la falta de comprensión entre huésped y anfitrión.

---

4 *"hunters"*   5*witness*

ESTUDIO DE PALABRAS

Ejercicio 1   Study the following cognates that appear in this chapter.

la idea	la época	el monumento
el correligionario	el turismo	el safari
la excursión	las vacaciones	el flash
el precio	el adulto	la cámara
la condición	la educación	la conexión
el control	el museo	la foto

la necesidad	el estereotipo	psicológico
el símbolo	el tour	mutuo
el «status»	la fotografía	frecuentado
la diversión	la pirámide	
el residente		organizar
el privilegio	especial	circular
la miseria	circular	datar
la higiene	económico	admirar
la población	modesto	impresionar
la injusticia	fraternal	satisfacer
el impacto	frecuente	motivar
la comprensión	ecológico	
el respeto	remoto	

Ejercicio 2   Give the word being defined.
1. el que tiene la misma religión
2. el aparato fotográfico
3. lo que se necesita
4. el que vive en un lugar
5. el número de habitantes
6. un lugar donde se exhiben pinturas
7. simple, no de lujo
8. un viaje para ver los animales salvajes en Africa

Ejercicio 3   Complete each expression with the appropriate word(s).
1. tourist season   la época de _____
2. special price   el precio _____
3. adult education   la _____ para adultos
4. mutual understanding   la comprensión _____
5. circle tour   el _____ circular

Ejercicio 4   Complete each statement with the appropriate word(s).
1. La Torre Eiffel es un _____ famoso de París.
2. Tendrá que usar un _____ si quiere tomar una foto en un lugar oscuro.
3. Es un lugar bastante aislado, bastante _____.
4. Es un lugar que visitan muchos turistas cada año. Es un lugar muy

   _____.
5. El viajar de una manera lujosa es un _____ de «status».
6. A la mayoría de los turistas no les gusta ver (observar) la _____ que existe en muchos países pobres del tercer mundo.
7. Las _____ de Egipto son famosas.

Ejercicio 5   Match the English word or expression in Column A with its Spanish equivalent in Column B.

A	B
1. to charter	a. el alojamiento
2. round trip	b. atraer
3. lodging	c. fletar
4. around-the-world trip	d. la naturaleza
5. to forecast	e. de ida y vuelta (regreso)
6. experienced	f. un viaje alrededor del mundo
7. nature	g. experimentado
8. to attract	h. pronosticar

Ejercicio 6   Complete each statement with the appropriate word(s).

1. Los safari _____ más a los turistas que tienen un interés en la

   _____.

2. Un turista que viaja mucho es un viajero _____.

3. Se puede hacer _____ viajando del este al oeste o del oeste al este.

4. Ella piensa volver (regresar). Va a comprar un billete (boleto)

   _____.

5. Los hoteles proveen _____ a los turistas.

6. Quieren _____ un yate para ir alrededor de la isla de Manhattan.

Ejercicio 7   Match the English word in Column A with its Spanish equivalent in Column B.

A	B
1. spa, bath	a. el placer
2. gambling	b. los baños
3. show	c. el anfitrión
4. pleasure	d. la pobreza
5. comfort	e. el juego
6. poverty	f. el huésped
7. guest	g. el espectáculo
8. host	h. la comodidad

Ejercicio 8   Complete each statement with the appropriate word(s).

1. En los Estados Unidos hay _____ en Virginia y Arkansas. Hay _____ populares en México también.

2. Los aficionados al _____ pueden ir a Las Vegas o a Atlantic City. Si quieren, pueden tomar un crucero porque los barcos también tienen casino.

3. No es un viaje de negocios. Es un viaje de _____.

4. El _____ invita y el _____ acepta o rechaza la invitación.

5. Donde hay _____, hay miseria.

6. Esta noche hay un _____ musical en el Teatro Liceo.

7. Un gran hotel de lujo ofrece todas las _____ necesarias a sus clientes o huéspedes.

COMPRENSION

Ejercicio 1   Answer.
1. ¿Quién era Thomas Cook?
2. ¿Qué hizo él?
3. ¿Cuáles son otras organizaciones que están en competencia con Cook?
4. ¿Cuántas semanas de vacaciones pronostican para los trabajadores de los países industrializados?
5. ¿Adónde irán los turistas más experimentados?
6. ¿Por qué toman fotografías muchos turistas?
7. Según los psicólogos, ¿qué necesidad personal satisface el turismo?
8. ¿Tienen la mayoría de los turistas una reacción negativa o positiva hacia la pobreza que observan en algunos países?
9. ¿Cómo puede el turismo tener un impacto positivo?
10. ¿Cómo puede tener un impacto negativo?

Ejercicio 2   Follow the directions.
1. Prepare Ud. una lista de los tipos de viajes o excursiones que organizó por primera vez el señor Thomas Cook.
2. Prepare Ud. una lista de los factores que motivan a los turistas a viajar.

Segunda parte
HOSTELERIA

Capítulo 12
HOSTELERIA

La hostelería siempre ha sido la base del turismo. La hostelería tiene el cargo de recibir a cientos de miles de turistas extranjeros y así recaudar importantes montos de divisas que tienen un impacto en el balance de pagos de la nación. La hostelería comprende todos los establecimientos que proveen alojamiento y alimento a cambio de pago. Es frecuente hoy día referirse a la «industria hotelera».

Establecimientos tradicionales

El primer hotel norteamericano digno de llamarse así era el City Hotel que abrió sus puertas en Nueva York en 1794. Anteriormente los mesoneros o fondistas[1] se limitaban a convertir sus propias residencias o las de otros en fonda o mesón. El City Hotel tenía 73 habitaciones y, según el pueblo, era enorme. Hoy lo que vemos son gigantescas cadenas de hoteles que son, prácticamente, modernos pueblos amurallados[2], que apenas se pueden llamar «hotel». Son los Hilton, Hyatt, Marriott, Meridien, HUSA, etc., que cruzan las fronteras nacionales y se instalan en todas partes del mundo. Sin embargo, no es hasta principios de los años 80 cuando la industria hotelera realmente nace. Hasta entonces había cuatro categorías de hoteles: (1) los hoteles de lujo; (2) los hoteles de paso o tránsito ubicados en los grandes centros urbanos cerca de los aeropuertos o las autopistas; (3) los hoteles turísticos situados en las ciudades o en el campo, en las playas o las montañas y (4) los moteles. Pero gracias a las técnicas de marketing, la industria hotelera ha descubierto nuevos mercados y se ha podido diversificar.

Esta diversificación se ve tanto en Europa como en los EE.UU. donde los clientes ricos del pasado han sido reemplazados por clientes de ingresos más modestos. En muchos países el gobierno clasifica los hoteles y residencias según diferentes criterios: categoría, lugar, servicios ofrecidos, etc. En España los hoteles llevan de una hasta cinco estrellas. Los hostales y pensiones llevan de una a cuatro estrellas. La diferencia entre «hotel» y «residencia» tiene que ver con el servicio de restaurante. Un hotel se clasifica de residencia si no ofrece servicio completo de restaurante, aunque pueden ofrecer desayuno y servicio de cafetería. El Ministerio de Transportes, Turismo y Comunicaciones publica anualmente una «Guía de Hoteles» con las descripciones y los precios de todos los hoteles del país. Las categorías de hostelería son las siguientes:

---

[1]*innkeepers* [2]*walled*

H	=	Hotel
HR	=	Hotel Residencia
HA	=	Hotel Apartamentos
RA	=	Residencia Apartamentos
M	=	Motel
Hs	=	Hostal
P	=	Pensión
HsR	=	Hostal Residencia

En España, además de los hoteles y pensiones hay paradores y albergues nacionales que son del gobierno. Los paradores son hoteles ubicados en castillos históricos o en lugares de gran belleza natural. Los albergues son establecimientos modernos situados cerca de las autopistas.

Hostelería al aire libre: parques para camping y caravanas

El desarrollo del camping y de las excursiones en caravanas ha sido muy rápido en años recientes y responde a las necesidades de los turistas de medios económicos más modestos. Ya que son millones los que practican el camping y los viajes en caravana, se ha creado una industria para servirles. Por toda Europa y en muchos lugares de las Américas existen campamentos para tiendas y caravanas. Estos campamentos también son de diferentes categorías, desde primitivos hasta lujosos con piscina, restaurante, pistas de tenis, etc. Algunos abren solamente durante el verano, otros permanecen abiertos durante todo el año.

Alojamiento en casas particulares

Las pensiones tradicionales siguen ofreciendo alojamiento y comida a largo o corto plazo, como de costumbre. Recientemente se han puesto de moda en los EE.UU. y en Europa los *bed and breakfast* o cama y desayuno. Los dueños de casas particulares ofrecen un cuarto y desayuno a turistas de paso a un precio generalmente por debajo del precio de un hotel. Es bastante común también que los dueños de fincas o granjas permitan el camping o caravanas... si les pagan.

Organización de un establecimiento de hostelería

El establecimiento de hostelería es una empresa comercial con las típicas actividades de producción y venta. La organización de los establecimientos varía según su tamaño.

Organización de un hotel pequeño

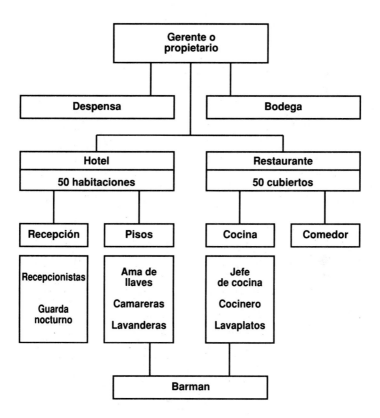

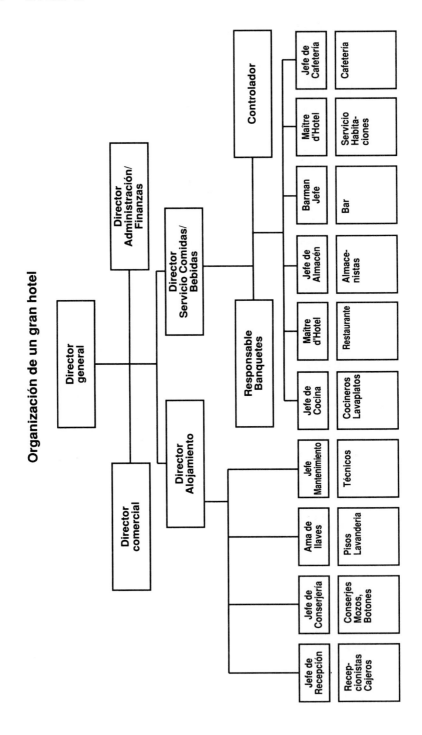

Organización de un gran hotel

ESTUDIO DE PALABRAS _____

Ejercicio 1   Study the following cognates that appear in this chapter.

la base	el servicio	turístico
el turismo	el hostal	reciente
el balance	la pensión	modesto
la nación	el restaurante	lujoso
el establecimiento	la cafetería	primitivo
la industria	la guía	hotelero
la residencia	el camping	
el centro	el parque	proveer
el aeropuerto	la producción	instalar
el motel	la técnica	diversificar
el marketing	el hotel	clasificar
la diversificación	el impacto	publicar
el cliente		
el criterio	gigantesco	
la categoría	urbano	

Ejercicio 2   Complete each expression with the appropriate word(s).

1. balance of payments   el _____ de pagos
2. hotel industry   la _____ hotelera
3. urban center   el _____ urbano
4. tourist hotel   el _____ turístico
5. marketing techniques   las técnicas de _____
6. hotel guide   la _____ de hoteles
7. of modest means   de medios _____

Ejercicio 3   Match the word in Column A with its definition in Column B.

A	B
1. urbano	a. muy grande
2. lujoso	b. de la ciudad
3. el establecimiento	c. la clasificación
4. la categoría	d. de lujo, elegante
5. diversificar	e. el lugar de un comercio
6. gigantesco	f. cambiar, variar

Ejercicio 4   Complete each statement with the appropriate word(s).

1. Su vuelo sale a las nueve quince pero quiere estar en _____ a las ocho y media.
2. No vamos a comer en casa. Vamos al _____ a comer.
3. Muchas _____ son de autoservicio. No hay camareros (meseros) para servir a los clientes como en un restaurante.
4. Los que frecuentan un hotel o un restaurante son _____.

5. Hay muchas _____ de hoteles, de los más lujosos a los más modestos.
6. Hoy día el _____ es una diversión popular, sobre todo con las familias.

Ejercicio 5   Match the English word or expression in Column A with its Spanish equivalent in Column B.

A	B
1. to collect, bring in	a. el alojamiento
2. lodging	b. el alimento
3. food	c. el lugar
4. hotel chain	d. ubicado
5. inn, eatery, tavern	e. la fonda, el mesón, la posada
6. lodging, hostel	f. recaudar
7. located	g. el albergue, el hostal
8. location	h. la finca, la granja
9. in transit, on the way	i. de tránsito, de paso
10. farm	j. la cadena de hoteles

Ejercicio 6   Give the word or expression being defined.
1. un lugar donde hay muchos animales domésticos
2. no permanente
3. la comida
4. situado, colocado
5. la localización, la ubicación

Ejercicio 7   Complete each statement with the appropriate word(s).
1. Los moteles están _____, por lo general, cerca de las autopistas.
2. Hilton es una _____ y Marriott es otra _____ de hoteles.
3. Hay hoteles de _____ cerca de los aeropuertos principales.
4. Es difícil diferenciar entre lo que es _____, _____ y _____.
5. Un hostal es un _____.

Ejercicio 8   Match the English word or expression in Column A with its Spanish equivalent in Column B.

A	B
1. room	a. la estrella
2. bed	b. la tienda
3. of modest income	c. el precio
4. star (rating)	d. la piscina, la alberca
5. price	e. la cama
6. outdoor	f. el campamento
7. trailer	g. la habitación, el cuarto
8. tent	h. a corto plazo
9. camp	i. la caravana
10. swimming pool	j. de ingresos modestos

11. short-term
12. private house

k. la casa particular
l. al aire libre

Ejercicio 9   Complete each statement with the appropriate word(s).

1. A veces los dueños (propietarios) de una _____ alquilarán una _____ a unos huéspedes y les darán el desayuno. Es lo que llamamos en inglés un *bed and breakfast*.
2. El no es ni rico ni pobre. Es de _____.
3. Un hotel de cinco _____ es un hotel de lujo, de gran categoría.
4. Los huéspedes _____ van a los hoteles de tránsito.
5. Esta habitación tiene dos _____.
6. Podemos nadar en el mar, en el lago o en _____.
7. Se puede levantar *(pitch)* una _____ en el _____.
8. Una _____ es un tipo de casa sobre ruedas.

Ejercicio 10   Redo the following organizational chart in Spanish.

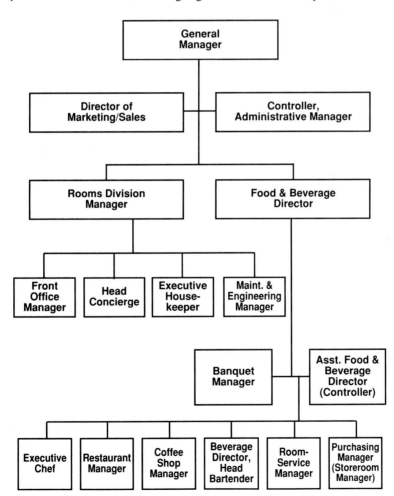

COMPRENSION

Ejercicio 1   Answer.
1. ¿Cuál es la base del turismo?
2. ¿Qué comprende la hostelería?
3. ¿Cuáles son algunas cadenas de hoteles norteamericanas y españolas?
4. ¿Dónde están ubicados muchos hoteles?
5. ¿En cuántas categorías se clasifican los hoteles turísticos?
6. ¿Cuál es la diferencia entre un «hotel» y una «residencia» en España?
7. ¿Cuáles son algunos ejemplos de la hostelería al aire libre?

Ejercicio 2   True or false?
1. El primer establecimiento digno de llamarse «hotel» en los Estados Unidos abrió sus puertas en 1910.
2. La industria hotelera nació en el siglo XIX.
3. La mayoría de los clientes de los hoteles hoy día son gente rica (adinerada, acomodada).
4. Los hoteles de gran lujo no tienen estrellas.
5. En España los paradores son hoteles nacionales.
6. Los parques para camping y para las caravanas tienen categorías igual que los hoteles.

Capítulo 13
PERSONAL

Ocupaciones principales en la hostelería

En la hostelería la estructura de la organización se divide por servicios: recepción, pisos, lavandería. En un hotel de tamaño mediano los dos grandes departamentos son alojamiento y servicio de comidas. Según el hotel, las dos funciones pertenecen a dos personas o a una sola. He aquí las principales ocupaciones en la industria hotelera.

Director de hotel-restaurante Esta persona dirige el hotel de acuerdo con los deseos del propietario o la Dirección General. Controla el presupuesto, asegura el buen funcionamiento del establecimiento y recluta el personal. Es responsable de las relaciones con los clientes, los proveedores y las autoridades locales. Tiene la responsabilidad de asegurar la seguridad de los clientes y la propiedad.

Director de alojamiento Esta persona es responsable de las actividades de recepción y reservación, de la facturación y del cuidado y mantenimiento de las habitaciones. Controla el servicio de recepción y reservaciones, el teléfono (télex, facsímil) y los servicios de pisos y de lavandería.

Gerente nocturno El gerente nocturno es responsable del funcionamiento del establecimiento durante la noche. Se ocupa de las cuentas de los clientes que llegan o salen durante la noche. También es responsable de la seguridad.

Jefe de recepción El Jefe de recepción supervisa el trato que se da a los clientes a su llegada. Se ocupa de las relaciones entre los huéspedes y los empleados. Es responsable de las reservaciones a largo plazo y de las reservaciones diarias. Coordina el trabajo de los recepcionistas. También se ocupa de vez en cuando de la facturación y de la central telefónica.

Recepcionista Es responsable de las reservaciones y de recibir a los huéspedes. Registra los movimientos de cuenta de los huéspedes, les vende las habitaciones y los servicios del hotel. Trata de hacer que la estadía del cliente sea lo más agradable posible.

Telefonista Esta persona recibe y transmite al destinatario todos los mensajes telefónicos o de otros tipos que vienen de afuera. También envía los mensajes al exterior, sobre todo cuando se trata de télex o facsímiles. También es responsable de la facturación de las comunicaciones.

Jefe de conserjería Es la persona responsable de las llaves, del correo, del equipaje o de los paquetes que se dejan en consigna. El debe asegurar que los empleados respondan a las preguntas y necesidades de los huéspedes. El vigila tanto el hall como los pisos.

Empleados del hall Estos son los mozos o maleteros, los porteros, los botones, los ascensoristas y los garajistas. Esta variedad de puestos existe solamente en los establecimientos importantes.

Ama de llaves Ella es responsable de la apariencia general del establecimiento. Dirige el trabajo del personal de pisos—las camareras, los camareros, los trabajadores. Todos los días hace un inventario de lencería o ropa de cama y otros materiales. El servicio de lencería es una de sus responsabilidades. En los grandes establecimientos hay un Ama de llaves en Jefe que dirige el trabajo de unas cuantas amas de llaves de piso.

Empleados de piso Los camareros y las camareras limpian los cuartos y los baños. También pueden llevar el desayuno a las habitaciones. Los limpiadores se ocupan de mantener limpios los salones, los pasillos y las otras áreas públicas.

Jefa de lavandería y lencería Ella es responsable de la ropa blanca y la lavandería y de su control y cuidado. Ella también cuida de los uniformes y de la apariencia de los empleados.

En todos los hoteles, no importa su categoría, se encuentran las mismas funciones llevadas a cabo por una o más personas según el tamaño del establecimiento. Se encuentran siempre las funciones de: reservaciones, recepción, servicios de huésped, caja, mantenimiento de pisos, etc. Las diferentes funciones se presentarán y se describirán en los siguientes capítulos.

ESTUDIO DE PALABRAS

Ejercicio 1   Study the following cognates that appear in this chapter.

el personal	la autoridad	local
la estructura	la reservación	responsable
la organización	el teléfono	público
el servicio	el télex	
la recepción	el facsímil(e)	dividir
el departamento	el recepcionista	controlar
la función	la comunicación	supervisar
la ocupación	el paquete	registrar
el director	la apariencia	transmitir
el propietario	el inventario	
el funcionamiento	el área	
el establecimiento	el uniforme	
la relación		

Ejercicio 2   Complete each statement with the appropriate word(s).
1. Tres maneras en que se puede transmitir un mensaje o una comunicación son por _____, _____ y _____.
2. El o la _____ trabaja en la recepción.
3. En muchos hoteles es necesario tener una _____ antes de llegar al hotel.
4. El conjunto de empleados es el _____ del hotel.
5. Muchos empleados de un hotel tienen que llevar _____.
6. El hall, los salones, etc., son _____ públicas del hotel.
7. Los huéspedes de un hotel tienen que _____ en la recepción cuando llegan al hotel.

Ejercicio 3   Match the verbs in Column A with related nouns in Column B.

A	B
1. supervisar	a. la recepción, el recepcionista
2. coordinar	b. la supervisión, el supervisor
3. transmitir	c. la dirección, el director
4. reservar	d. la transmisión
5. recibir	e. la división
6. funcionar	f. la reservación
7. dividir	g. la coordinación, el coordinador
8. dirigir	h. el funcionamiento, la función

Ejercicio 4   Match the English word or expression in Column A with its Spanish equivalent in Column B.

A	B
1. medium size	a. reclutar
2. budget	b. asegurar
3. to assure	c. la facturación
4. to recruit	d. la cuenta
5. supplier	e. de tamaño mediano
6. safety, security	f. el presupuesto
7. property	g. la propiedad
8. billing	h. el proveedor
9. maintenance	i. la seguridad
10. account	j. el mantenimiento

Ejercicio 5   Complete each statement with the appropriate word(s).
1. Un hotel de 50 habitaciones no es ni grande ni pequeño. Es de _____.

2. Hay que establecer una _____ para cada huésped del hotel. En la _____ aparecen la tarifa de la habitación, los cargos en el restaurante, etc.

3. Hay muchos _____ que venden materiales al hotel.
4. El buen _____ de un hotel es un trabajo continuo.
5. El hotel tiene que proteger la _____ de los clientes.
6. El hotel quiere _____ una estadía agradable a sus huéspedes.

Ejercicio 6   Give the word being defined.
1. el que vende materiales, etc., al hotel u otra empresa
2. el dinero, la ropa, las joyas, los efectos personales
3. buscar personal
4. el proceso relacionado con la preparación y el pago de facturas
5. el documento financiero que contiene todas las cuentas y que calcula con anticipación los gastos (egresos) e ingresos

Ejercicio 7   Match the English word or expression in Column A with its Spanish equivalent in Column B.

A	B
1. laundry	a. el servicio de pisos
2. linen	b. el ama de llaves
3. housekeeping	c. la consigna
4. front-desk manager	d. el equipaje
5. night manager	e. la lavandería
6. switchboard	f. el gerente nocturno
7. mail	g. el garajista
8. baggage	h. la lencería
9. checkroom	i. el correo
10. elevator	j. el jefe de recepción
11. bellhop	k. la camarera
12. doorkeeper	l. la central telefónica
13. parking (garage) attendant	m. el ascensor
14. housekeeper	n. el portero
15. chambermaid	o. el botones

Ejercicio 8   Complete each statement with the appropriate word(s).
1. La _____ limpia la habitación y el baño.
2. El _____ supervisa el trabajo de las camareras.
3. Puedes dejar el carro aquí. _____ lo estacionará.
4. _____ le ayudará con sus maletas, o sea, con su _____.
5. Tengo mucha ropa sucia. Tengo que llamar al servicio de _____ para que me la laven.
6. No quiero subir la escalera. Voy a tomar el _____.
7. Tengo que abandonar la habitación al mediodía y no voy a salir del hotel hasta las cuatro. Voy a depositar mi equipaje en _____.
8. Estoy esperando unas cartas. Llama al conserje a ver si ha llegado el _____.

9. El telefonista trabaja en _____.
10. El _____ trabaja de las once de la noche hasta las siete de la mañana.
11. _____ comprende las sábanas, las fundas, o sea, la ropa para la cama y también los manteles, las servilletas, etc.
12. El responsable de la recepción es el _____.

Ejercicio 9   Match the English word or expression in Column A with its Spanish equivalent in Column B.

A	B
1. arrival	a. la salida
2. departure	b. la llegada
3. stay	c. la estadía
4. telephone message	d. la llave
5. key	e. el limpiador
6. bed linens	f. la ropa de cama
7. cleaner	g. la caja
8. hallway	h. el mensaje telefónico
9. cashier's desk, counter	i. el pasillo

Ejercicio 10   Give the word or expression being defined.
1. lo que se usa para abrir la puerta
2. donde se paga la cuenta o la factura
3. la duración de tiempo que se queda o se aloja una persona en un hotel
4. el que limpia los pasillos, el hall y las otras áreas públicas
5. lo que se usa para hacer la cama

Ejercicio 11   Complete each statement with the appropriate word(s).
1. A su _____ los huéspedes de un hotel pasan a la recepción para registrarse y a su _____ pasan a la _____ para pedir y pagar su _____.
2. _____ comprende las sábanas, las fundas, las mantas.
3. Esta lucecita en el teléfono indica que hay un _____.
4. El hotel quiere asegurar que la _____ de sus huéspedes sea la más placentera o agradable posible.

COMPRENSION _____

Ejercicio 1   Answer.
1. ¿En qué tipo de servicios se divide la organización de un hotel?
2. Hasta recientemente muchos hoteles en los Estados Unidos no tenían conserje. En Europa siempre ha habido conserje. ¿Cuál es el trabajo del conserje?
3. ¿Quiénes son los empleados de piso?

Ejercicio 2   Tell who does the following jobs in a hotel.
1. Es responsable de la facturación y del cuidado y mantenimiento de las habitaciones.
2. Supervisa a los que limpian los cuartos (las habitaciones).
3. Limpian los cuartos.
4. Es el jefe de todo y de todos.
5. Es responsable del funcionamiento del hotel durante la noche.
6. Registra a los huéspedes.
7. Recibe y transmite mensajes telefónicos, facsímiles, etc.
8. Ayuda a los huéspedes con su equipaje.

Capítulo 14
RESERVACIONES

Para reservar una habitación en un hotel, uno lo puede hacer por sí mismo o por medio de un intermediario, un agente de viajes, por ejemplo. Los agentes de viajes hacen la mayoría de las reservaciones. No importa como se hace la reservación; lo importante es que el cliente encuentre un cuarto cuando llega.

El pedido o la solicitud

Al iniciar el pedido, el responsable de reservaciones consulta el plan o el tablero que le indica en seguida si hay habitaciones disponibles y de qué categoría. Si la toma del pedido se efectúa correctamente, no habrá ningún problema a la hora de llegada del cliente. El contacto del cliente con el hotel puede ocurrir de varias maneras. El cliente puede presentarse en persona al hotel, en cuyo caso el hotelero probablemente le pedirá un depósito. El cliente puede comunicarse con el hotel por teléfono, lo cual no le obliga ni al cliente ni al hotel si la reservación no se confirma por escrito, por télex, por facsímil o por una tarjeta de crédito. El cliente puede comunicarse con el hotel por escrito. La carta ofrece todas las garantías necesarias. Si el cliente se comunica por télex, facsímil o por teléfono, el cliente tendrá que darle al hotel el número de su tarjeta de crédito.

Ficha de reservación

El uso de una ficha de reservación es siempre aconsejable. Una ficha debidamente completada es esencial para establecer el plan de ocupación de habitaciones (véase la página 92).

Plan de reservaciones

Después viene el plan de reservaciones que permite saber en cada momento el número de cuartos disponibles. Hay dos tipos de plan. El plan por número de habitación es el que más se usa en los pequeños y medianos hoteles. Este sistema es casi imposible de utilizar en los hoteles grandes (véase la página 93).

El plan por tipo de habitación es el que se usa sobre todo en los hoteles de gran capacidad y que es, generalmente, un sistema computadorizado (véase la página 92).

FICHA DE RESERVACION

RESERVACION   **CAMBIOS**   **ANULACION**

Fecha de llegada: Duración de estadía:
Hora de llegada: Fecha de salida:
Categoría de habitación
   o número de habitación: Número de personas:

Selección ☐   Reservación   Fecha de anulación:
                       confirmada ☐
Apellidos y Nombre:
Dirección: Número de teléfono

Procedencia de reservación:
Dirección: Teléfono:

Facturada abonada por:
Condiciones/Precio:
Depósito ☐   Fecha de depósito:
Monto: Método de pago:
Observaciones:

Reservación aceptada por: Advertencias especiales:

Fecha:
Método de reservación:

PLAN POR TIPO DE HABITACION

FECHA INICIAL: 01/01/9_   **FECHA FINAL: 05/01/9_**
DE TIPO: 1   **AL TIPO: 4**

TIPO	TOTAL HAB.	RESERVACIONES A	CONFIRMADOS B	No CONFIRMADOS A – B	LIBRES
(1) 2 Camas	120				
(2) Matrimonial	60	20	15	5	40
(3) Minusválidos	10				
(4) Suite	5				

PLAN POR NUMERO DE HABITACION

MES DU JUNIO 19 _____

N° de hab.	Tipo	Precio	L 1	Ma 2	Mi 3	J 4	V 5	S 6	D 7	L 8	Ma 9	D 21	L 22	Ma 23	Mi 24	J 25	V 26	S 27	D 28	L 29	Ma 30	Mi 31
101 (x)	(2)	8.000																				
102	(3)	12.000																				
103	(4)	12.000																				
104 (xx)	(5)	18.000																				
201 (x)	(2)	8.000																				
202	(3)	12.000																				
203	(4)	12.000																				
204 (xx)	(5)	18.000																				
301 (x)	(2)	8.000																				
302	(3)	12.000																				
303	(4)	12.000																				
304 (xx)	(5)	18.000																				

Todas las habitaciones tienen W.C.
(x) Habitación que da a la Avenida
(xx) Habitación que da al parque

Clave: (2) 1 cama (single), ducha
(3) Cama matrimonial, Baño
(4) 2 camas, Baño
(5) 3 camas, Baño

Archivo de clientes

Es necesario entonces archivar todos los documentos con relación a una reservación. Se pueden archivar por orden cronológico, que identifica al cliente según la fecha de llegada, o por orden alfabético. El orden cronológico es un sistema sencillo que permite un control de reservaciones rápido y preciso. La clasificación por orden alfabético identifica el archivo del cliente por su nombre. La ventaja de archivar por orden alfabético es que hace muy fácil encontrar la reservación cuando el hotel recibe un pedido de modificación o de anulación sin una confirmación precisa de la fecha de llegada inicial. Por otra parte, este sistema hace difícil el control de las reservaciones para determinada fecha. Es frecuente el empleo de los dos sistemas simultáneamente.

Control de reservaciones

Por último hay el control de reservaciones. Se hace no solamente para evitar[1] los errores de reservación, sino más para controlar la sobreocupación u «overbooking». Para que el control sea eficaz hay que efectuarlo metódicamente. Hay que verificar que no hay duplicación de reserva, que el archivo de clientes y el plan de reservaciones corresponden y que todas las modificaciones o anulaciones figuran[2] en el archivo de clientes.

Cambios y garantías

Los pasos anteriores son críticos para evitar cualquier error por parte del hotel. Pero hay más que solamente la toma de la reservación inicial. El cliente también puede cambiar de idea. Puede cambiar la fecha de llegada o puede anular la reservación. Y, a veces, sencillamente puede no aparecer sin avisar al hotel.

Cambios El cliente cambia la fecha de llegada. Obviamente, hay que verificar si es posible hacer el cambio, además hay que enmendar la ficha de pedido o solicitud y el plan y, por último, hacer los cambios debidos en la ficha de clientes con sumo cuidado. Algunos establecimientos tienen un libro o agenda de reservaciones donde registran, a diario, las llegadas y salidas de clientes. Hay que entrar las enmiendas en este libro también.

Anulaciones Se aplica el mismo procedimiento que se usa para los cambios. Se anula la reservación en el archivo de clientes, en el plan de ocupación, en el libro o agenda de reservaciones y se ponen al día todos los documentos.

Garantías También ocurre que el cliente no aparece. A estos clientes se les denomina «no show». Por eso muchos hoteles requieren una de estas garantías: un depósito, una garantía por tarjeta de crédito o una hora límite para la llegada. Si el cliente no cumple con una de las garantías, el hotelero puede alquilar la habitación a otro cliente.

Sobreocupación u «overbooking» Los grandes hoteles practican lo que se llama el «overbooking» o «sobreocupación». Esto consiste en alquilar más cuartos de los disponibles esperando así llenar las habitaciones que los «no show» dejan vacías. Esta práctica se basa en los cálculos estadísticos los cuales varían según

---

[1]*avoid* [2]*appear*

los eventos—los congresos, las exposiciones, las bodas[3], etc. El «overbooking» es una práctica peligrosa ya que es imposible predecir con precisión el número de clientes que no aparecerán. Siempre se puede tratar de alojar al cliente en otro hotel, pero siempre le es desagradable para el viajero. Por eso algunos hoteleros se niegan a practicar el «overbooking» y simplemente insisten en garantías.

---

[3]*weddings*

ESTUDIO DE PALABRAS

Ejercicio 1   Study the following cognates that appear in this chapter.

el intermediario	el control	computadorizado
el agente	el error	cronológico
la reservación	la duplicación	alfabético
el plan	la garantía	simultáneamente
el depósito	la agenda	
el télex	el «no show»	reservar
el facsímil	el «overbooking»	consultar
el número	el cálculo	confirmar
el tipo	el evento	identificar
el documento	la exposición	

Ejercicio 2   Complete each expression with the appropriate word(s).

1. travel agent   el _____ de viajes
2. room number   el _____ de la habitación
3. type of room   el _____ de habitación
4. reservation control   el _____ de reservaciones
5. in alphabetical order   por orden _____
6. in chronological order   por orden _____

Ejercicio 3   Match the verbs in Column A with related nouns in Column B.

A	**B**
1. reservar	a. la duplicación
2. confirmar	b. el control
3. identificar	c. el cálculo
4. controlar	d. la reservación
5. duplicar	e. la confirmación
6. garantizar	f. la garantía
7. calcular	g. la identificación

Ejercicio 4   Complete each statement with the appropriate word(s).

1. Un sistema de organizar los registros de los huéspedes es por orden
   _____, es decir, que se organiza por la fecha de llegada del cliente.
2. Otro sistema de organización es por orden _____, es decir, que se
   basa en el nombre del cliente o del huésped.

3. Muchos hoteles emplean los dos sistemas, el alfabético y el cronológico

   _____.

4. Al que tiene una reservación pero que no aparece (no se presenta) se le
   llama _____.

5. El _____ es la práctica de alquilar más habitaciones o cuartos de los
   disponibles.

6. El agente de viajes es un _____ que hace muchas reservaciones
   hoteleras.

Ejercicio 5   Match the English word or expression in Column A with its
Spanish equivalent in Column B.

A	B
1. request	a. la ficha de reservación
2. plan, board	b. la sobreocupación
3. reservation slip	c. un pedido de modificación
4. credit card	d. vacío
5. arrival date	e. el pedido, la solicitud
6. to file, file	f. verificar
7. available	g. el plan, el tablero
8. change request	h. el cambio
9. change	i. enmendar
10. to cancel, cancellation	j. la tarjeta de crédito
11. to check	k. la fecha de llegada
12. to revise	l. disponible
13. to put up, lodge	m. alojar
14. overbooking	n. archivar, el archivo
15. unoccupied, vacant	o. anular, la anulación

Ejercicio 6   Match the word in Column A with its definition in Column B.

A	B
1. la sobreocupación	a. el día
2. vacío	b. el pedido
3. la solicitud	c. corregir
4. el cambio	d. el «overbooking»
5. la fecha	e. la modificación
6. enmendar	f. lo contrario de «lleno», «completo»

Ejercicio 7   Complete each statement with the appropriate word(s).

1. Para empezar hay que hacer un _____ o una _____ de
   reservación.

2. Si el cliente cambia sus planes, es decir, que hay un _____ en la
   fecha de llegada, el cliente debe hacer _____.

3. Ella no quiere cambiar la _____; la verdad es que ella no puede ir.
   Así tiene que _____ la reservación.

4. Cuando uno hace una reservación por teléfono, hay que dar el número de su _____ para garantizar la reservación.
5. Como hay clientes que no aparecen aunque tienen una reservación, muchos hoteles practican _____.
6. Los cuartos _____ están _____ para nuevos huéspedes pero los cuartos ocupados no están _____.
7. Cuando el hotel recibe una reservación, un empleado tiene que llenar (completar) una _____. El empleado _____ las fichas por orden cronológico o alfabético.
8. El día que piensa llegar el cliente es su _____.
9. Cuando un cliente hace un pedido de modificación, hay que _____ la ficha de reservación del cliente y _____ que los datos en todos los otros documentos sean correctos.
10. Si el hotel no tiene ningún cuarto disponible cuando llega un cliente con una reservación, el hotel lo trata de _____ en otro hotel.

COMPRENSION

Ejercicio 1 Answer.
1. ¿Quiénes hacen la mayoría de las reservaciones en los hoteles?
2. ¿Qué consulta el empleado del hotel cuando un cliente inicia el pedido de reservación?
3. ¿Qué indica el plan o tablero?
4. Si el cliente hace su reservación en persona en el hotel, ¿qué le pedirá el hotelero?
5. Si hace la reservación por teléfono, ¿qué le pedirá?
6. ¿Cuáles son algunos informes o datos que aparecen en la ficha de reservación?
7. ¿Qué permite saber el plan de reservaciones?
8. ¿Cuáles son dos tipos de plan de reservaciones?
9. ¿Cómo se archivan las fichas de reservaciones?
10. ¿Qué es necesario hacer si un cliente cambia su fecha de llegada?
11. ¿Qué es un «no show»?
12. ¿Qué es la sobreocupación?

Ejercicio 2 Explain the following.
1. ¿Por qué archivan los hoteles las fichas de reservación por orden alfabético y cronológico simultáneamente?
2. ¿Por qué es importante el control de reservaciones?
3. ¿Por qué existe la práctica de sobreocupación?
4. ¿Por qué puede ser peligrosa la práctica de sobreocupación?

Capítulo 15
ESTADIA DEL HUESPED

Es fácil entender la importancia del servicio de recepción. Para el cliente, este servicio es el hotel. El huésped satisfecho volverá al hotel gustosamente. Las responsabilidades del servicio de recepción son las siguientes: (1) el alquiler de las habitaciones, incluso la inscripción de los huéspedes y la asignación de los cuartos; (2) la provisión de los servicios de correo, recados y similares; (3) la provisión de información sobre los servicios del hotel y los puntos de interés en general y (4) el mantenimiento al día de las cuentas de los clientes.

Asignación de cuartos

El plan de ocupación diaria (el room rack) indica el número de habitaciones que quedan libres u ocupados en un momento dado. Este plan indica no solamente el tipo de habitación (tamaño, camas, vista), su precio y número, sino también información sobre los huéspedes (nombre, nacionalidad, fechas de llegada y salida).

En los pequeños hoteles los planes se mantienen manualmente. Por la mañana se registran en rojo los nombres de los clientes que han pasado la noche anterior en el hotel. Se escribe con lápiz[1] los nombres de los clientes que deben llegar ese día y, tan pronto como llegan, se reemplaza cada nombre en lápiz con un nombre en tinta[2]. Así se ve en seguida lo que es la situación: en rojo, los clientes hospedados; en tinta, los clientes que han llegado; en lápiz, los clientes por llegar y en blanco, espacios sin llenar, las habitaciones disponibles.

Hoy, muchos hoteles emplean planes computadorizados. El plan computadorizado permite poner al día rápidamente la lista de clientes, y de tener al mismo tiempo una clasificación por orden alfabético y por número de cuarto. Puede, por ejemplo, proveer en seguida una lista de cuartos con una sola cama, de dos camas o de cama matrimonial (véase la página 99).

La siguiente fase es el control de la información que aparece en el «room rack» para el servicio de pisos. El servicio de pisos le da a la recepción los siguientes datos:

Habitación Libre (L)

Habitación Ocupada (por 1 o 2 personas) (0 o 2)

Habitación Lista para Ocupar (L)

Habitación Fuera de Servicio (FS)

«Sleep Out» (SO) Habitación con equipaje, pero no ocupada, cama hecha

---

[1]*pencil* [2]*ink*

CLIENTE	No. R	H/T	LL.PRE	SAL.PRE	LL.	SAL.	INS.	NOCHES
Avilés	010	201	12/10/92	15/10/92			x	2
Fabres	011	321	12/10/92	20/10/92			x	2
Pérez T	012	2CBWC	14/10/92	20/10/92	x			2
Martín	041	CMBWC	14/10/92	17/10/92	x			2
Lalanda	031	CMBWC	14/10/92	15/10/92	x			1
Vega	029	201	12/10/92	14/10/92		x		0
Balmes	024	103	14/10/92	02/11/92	x			2
Pérez G	032	105	14/10/92	20/10/92	x			1
Palmer	033	106	14/10/92	15/10/92	x			2
Ayala	034	101	14/10/92	16/10/92	x			3
Ferrer	042	201	14/10/92	17/10/92	x			1
Rubín	043	202	14/10/92	16/10/92	x			1
Velardi	044	204	14/10/92	15/10/92	x			1

Número de personas   20

No.R: Número de referencia del Cliente   H/T: Número y/o tipo de habitación
Ins.: Instalado(s)   2CBWC: Habitación con dos camas, baño y W.C.
Ll.: Llegada   Sal.: Salida   Pre.: Prevista
CMBWC: Habitación con cama matrimonial, baño y W.C.

En Recepción anotan entonces cualquier discrepancia en un formulario especial.

NO. DE HABITACION	RECEPCION	PISOS	OBSERVACIONES
102	L	0	
205	O	L	

El ama de llaves inspecciona el cuarto, comprueba la condición y hace las correcciones necesarias.

NO. DE HABITACION	RECEPCION	PISOS	OBSERVACIONES
102	L	L	
205	O	L	Equipaje

Se entiende lo que ha ocurrido en el caso de la habitación 102. El servicio de pisos preparó su informe antes de llegar el cliente. Poco después llegó y se registró en recepción pero el servicio de pisos no se enteró[3]. El ama de llaves se dio cuenta y volvió a comprobar el estado del cuarto. Por otra parte, la habitación 205 presenta una discrepancia que el servicio de recepción debe resolver cuando se revisa el plan de asignación de cuartos.

---

[3]*wasn't aware*

Llegada de huéspedes

La mayoría de los huéspedes llegan durante el turno de la tarde, entre las 15 y las 23 horas. Llegan cansados y quieren registrarse rápidamente. Por eso, el empleado de recepción sigue un procedimiento bien establecido. Se informa sobre los deseos del cliente, si no tiene reservación. Si el cliente tiene reservación, el recepcionista usa el fichero. Le asigna una habitación al cliente según sus deseos y según la disponibilidad de habitaciones indicada en el plan de ocupación diaria. El recepcionista puede también tomar la impresión de su tarjeta de crédito— Bancomer, American Express, Visa, etc. El empleado entrega la llave al huésped y le indica como llegar y entrar a su habitación. Se ocupa de hacer que el equipaje llegue a la habitación del huésped. El recepcionista entonces entrega la ficha de ingreso con toda la información necesaria para poder abrir la cuenta del huésped. En España y en muchos países europeos y latinoamericanos, la policía requiere que todo extranjero entregue su pasaporte en recepción para fines oficiales. La ficha de ingreso indica el número de la habitación, la tarifa del cuarto, la ocupación del cliente y el método de pago.

A veces ocurre el desalojamiento de un huésped, es decir, que hay que trasladarlo de un cuarto a otro, o porque al cliente no le gusta la habitación o porque quiere prolongar su estadía y el cuarto en donde está ya está reservado para otro cliente. La recepción envía entonces un aviso o boletín de desalojamiento a todos los servicios. Para el servicio de pisos, el desalojamiento no es más ni menos que una salida y una llegada. Se les informa a todos los servicios: el conserje, los mozos, el ama de llaves, la caja, la centralita telefónica, el servicio de pisos. Los cambios necesarios se registran ahora en el plan de ocupación, el plan de reservaciones (si el cliente va a cambiar la duración de su estadía), la cuenta y la ficha del cliente.

Salida de huéspedes

Los huéspedes deben, generalmente, abandonar los cuartos entre las 11 y las 13 horas en los EE.UU. y entre las 12 y las 14 horas en Europa. Todo debe contabilizarse rápidamente (cuartos, comidas, consumiciones del mini-bar, teléfono, etc.) para que la factura esté al día cuando el cliente se marcha. En los grandes hoteles, el servicio de caja automático funciona ininterrumpidamente las 24 horas. En los pequeños y medianos hoteles, es la recepción que se ocupa de esta tarea.

Igual que a la llegada, se quiere que el cliente lleve una buena impresión del hotel a su salida. La despedida[4] debe ser siempre cortés, rápida y personal. No hay nada más desagradable que tener que tratar con un autómata que repite incansablemente las mismas frases a todos los clientes. Por lo general, el empleado de recepción hace lo siguiente cuando se marcha el huésped. Le pide al cliente el número de su habitación y si ha tomado algo de su mini-bar. En caso afirmativo, registra el monto. Verifica el método de pago que indicó el cliente a su

---

[4]*farewell*

llegada y le presenta la cuenta final para que el cliente la revise e indique su conformidad. Luego debe firmar el vale de la tarjeta de crédito, el método de pago más común en los EE.UU. El empleado se despide del cliente. Un cordial «Espero que su estadía con nosotros le haya sido placentera, señor/señora. Adiós y buen viaje» le dejará al cliente con una buena impresión y con ganas de volver.

ESTUDIO DE PALABRAS

Ejercicio 1   Study the following cognates that appear in this chapter.

la recepción	la corrección	alfabético
la responsabilidad	la policía	final
la asignación	el pasaporte	automático
el punto	el método	cordial
el interés	el boletín	
el tipo	el mini-bar	registrar
el nombre	la duración	reemplazar
la nacionalidad		inspeccionar
el número	ocupado	requerir
la fase	manualmente	prolongar
la discrepancia	computadorizado	

Ejercicio 2   Give the word being defined.
1. el bar pequeño de autoservicio en los cuartos de los grandes hoteles
2. el período de tiempo, el número de días
3. el documento que identifica la nacionalidad de la persona
4. la enmienda
5. sustituir
6. a mano
7. el deber, la obligación
8. hacer durar más tiempo

Ejercicio 3   Complete each expression with the appropriate word(s).
1. type of room   el _____ de habitación
2. points of interest   los _____ de interés
3. computerized system   el sistema _____
4. method of payment   el _____ de pago
5. final bill   la cuenta _____

Ejercicio 4   Match the verbs in Column A with related nouns in Column B.

A	B
1. durar	a. la recepción
2. requerir	b. el interés
3. corregir	c. el requisito
4. registrar	d. la duración

5. interesar   e. la asignación
6. asignar   f. la corrección
7. recibir   g. el registro

Ejercicio 5   Match the English word or expression in Column A with its
Spanish equivalent in Column B.

A	B
1. stay, sojourn	a. el correo
2. rent(ing)	b. el vale de la tarjeta de crédito
3. registration	c. la factura
4. mail	d. la inscripción
5. message	e. el recado
6. to keep up to date	f. la impresión
7. credit card voucher	g. el monto
8. room rack	h. la estadía
9. imprint	i. contabilizar
10. bill	j. el alquiler
11. total, amount	k. mantener al día
12. to straighten up, balance	l. fuera de servicio
(account)	m. el plan de ocupación diaria
13. out of service	

Ejercicio 6   Complete each statement with the appropriate word(s).
1. La _____ de los clientes varía mucho, de una duración de una sola
   noche a varias semanas.
2. La _____ o el registro se efectúa en la recepción a la llegada del
   huésped.
3. El recepcionista toma una _____ de la tarjeta de crédito cuando el
   huésped se registra.
4. Es necesario _____ las cuentas de los clientes de un hotel.
5. Hay que _____ la cuenta final antes de la salida del huésped.
6. El _____ indica el número de habitaciones que quedan libres u
   ocupadas en un momento dado.
7. No se puede asignar este cuarto a nadie porque el baño está _____.
8. El cliente tiene que pagar el _____ que aparece en su factura o
   cuenta final.
9. Si el cliente paga con una tarjeta de crédito, el recepcionista toma una
   _____ de la tarjeta cuando llega el cliente. Cuando sale, el cliente
   tiene que firmar _____.
10. El _____ de cuartos es la meta u objetivo de la industria hotelera.

Ejercicio 7   Match the word or expression in Column A with its definition in Column B.

A	B
1. la inscripción	a. la cuenta
2. el recado	b. el total
3. la factura	c. al corriente
4. no funciona	d. el registro
5. el monto	e. el mensaje
6. al día	f. fuera de servicio

Ejercicio 8   Match the English word or expression in Column A with its Spanish equivalent in Column B.

A	B
1. size	a. la tarifa del cuarto
2. room rate	b. el aviso
3. availability	c. el turno
4. free, unoccupied	d. firmar
5. registered (checked-in) client	e. trasladar
6. blank	f. libre
7. double bed	g. el servicio de pisos
8. shift	h. la disponibilidad
9. registration card	i. el W.C.
10. to move	j. en blanco
11. notice	k. el cliente hospedado
12. to vacate the room	l. abandonar el cuarto
13. to sign	m. el tamaño
14. bathroom	n. la ficha de ingreso
15. housekeeping	o. la cama matrimonial

Ejercicio 9   Complete each statement with the appropriate word(s).
1. La _____ de cuartos depende de la estación del año. En el invierno un hotel en la playa tiene muchos cuartos _____ si no está cerrado.
2. El _____ de los hoteles varía. Hay hoteles grandes, medianos y pequeños.
3. Si uno quiere modificar su reservación, debe dar un _____ previo al hotel.
4. Una cama _____ es para dos personas.
5. Los hoteles funcionan las 24 horas del día. Así tienen que tener tres _____.
6. Lo van a _____ de un cuarto a otro porque no le gusta el cuarto que tiene. No tiene vista.
7. La _____ es el precio, cuanto cuesta.

8. En la mayoría de los hoteles hay que _____ el cuarto entre el mediodía y las dos de la tarde.
9. _____ se ocupa de la limpieza de los cuartos y baños.
10. Un espacio _____ en el plan de ocupación diaria indica que el cuarto está libre.

Ejercicio 10   Give the word or expression being defined.
1. las dimensiones
2. escribir su nombre en un documento
3. el cuarto de baño
4. una cama para dos personas
5. sin anotación
6. ir de un lugar a otro
7. el precio del cuarto

COMPRENSION

Ejercicio 1   Answer.
1. ¿Qué indica el plan de ocupación diaria?
2. ¿Cómo se hace el plan en un hotel pequeño?
3. ¿Qué permite el plan computadorizado?
4. Si uno es extranjero en España o en un país latinoamericano, ¿qué tiene que entregar al recepcionista al llegar al hotel? ¿Por qué?
5. ¿Por qué hay desalojamiento de vez en cuando?
6. ¿A qué hora tienen que abandonar los cuartos los clientes?

Ejercicio 2   Complete the following statements.
1. En el plan de ocupación diaria se escribe en rojo _____.
2. Se escribe con lápiz _____.
3. Se escribe en tinta _____.
4. Se deja en blanco _____.

Ejercicio 3   Follow the directions.
1. Prepare Ud. una lista de las funciones del servicio de recepción.
2. Prepare Ud. una lista de todos los informes indicados en el plan de ocupación diaria.
3. Prepare Ud. una lista de los informes que el servicio de pisos entrega a la recepción.
4. Prepare Ud. una lista de los informes que aparecen en el fichero del cliente.

Capítulo 16
SERVICIOS ALIMENTICIOS

El servicio de comidas

El servicio de comidas es relativamente sencillo en un hotel pequeño. Hay un jefe de cocina con uno o más cocineros y lavaplatos, un maître d'hotel y varios camareros y ayudantes en el comedor y quizás un escanciador si hay una bodega. Pero en los grandes hoteles el personal alimentista es numeroso. El organigrama que sigue muestra que la persona responsable del servicio de alimentación está a cargo de una variedad de servicios y muchos empleados.

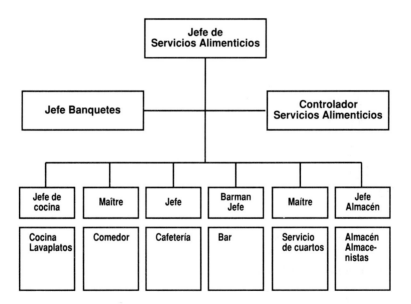

El se responsabiliza de todas las operaciones de la cocina y el comedor, el bar, el servicio de cuartos, el almacén, que incluye las compras, el servicio de banquetes que sirve a los congresistas que se reúnen en el hotel, igual que a los grupos que no son huéspedes del hotel. El servicio de banquetes es un servicio aparte, y el responsable de este servicio colabora muy de cerca con el servicio de marketing del hotel, no solamente en la organización de los banquetes sino también en la promoción y la venta de banquetes.

El servicio de comidas es de gran importancia en la hostelería. Para un hotel de mediana capacidad, así como el 31% de los ingresos viene de las comidas. El servicio de comidas tiene una triple misión: (1) devolver al hotel un beneficio aceptable, (2) proveer el servicio alimenticio al hotel mismo y (3) hacer apreciar el papel del hotel en la comunidad.

Algunos creen que lo único que se necesita para tener un buen servicio de comidas es emplear a un buen cocinero y darle carta blanca. De hecho, es quizás la mejor manera de fracasar[1]. El servicio de comidas es un trabajo de equipo y un buen jefe de cocina es, indudablemente, imprescindible. Un jefe de cocina puede llegar a ser el responsable del servicio de comidas y coordinar todas las operaciones, pero entonces debe contratar a otro buen cocinero para hacerse cargo de la cocina.

Se calcula que, por regla general, sólo uno de cada diez restaurantes independientes sobrevive[2] y realiza un beneficio después de cinco años. Los restaurantes de hotel gozan de la ventaja de tener a sus clientes «en casa». Por eso su tasa[3] de fracasos es menor. En resumen, el servicio de comidas debe sobresalir en cinco áreas: el ambiente, la atención, la calidad de los productos, la correspondencia de precio/calidad y la dirección.

Ambiente Cuando se trata de un restaurante independiente, es obvio que el lugar juega un papel importante. En un hotel también es un factor importante. Lo que importa sobre todo es el decorado del comedor—la selección de colores, de la vasija, la vajilla y los cubiertos, la decoración floral, la iluminación, todo lo que contribuye a crear un ambiente agradable.

Atención Una atención correcta no es ni servil ni altivo. Bien sabido es que si el jefe es amable y cortés con sus empleados, ellos también lo serán con los clientes. Una atención correcta es igual de importante en la cafetería o «snack bar» como en el restaurante de lujo.

Calidad del producto Los clientes juzgan la comida según distintos criterios. No obstante, se reconoce que la presentación de los platos es tan importante como el sabor. De todos modos no es ningún secreto. No hay gran cocina sin producto de excelente calidad y frescura. Para mantener fresco el producto hay que tener unas facilidades de refrigeración idóneas[4].

Correspondencia precio/calidad La meta principal de un restaurante es hacer que el cliente frecuente el establecimiento. Si el cliente cree que no le han dado valor por su dinero, no volverá. La correspondencia precio/calidad es, por eso, muy importante. Eso no quiere decir que el precio tiene que ser bajo. Hay restaurantes carísimos que tienen clientes habituales. Por lo contrario, hay restaurantes económicos que nunca ven al mismo cliente dos veces porque se cree que la calidad de los alimentos no vale el precio por bajo que sea.

Dirección Los cuatro factores anteriores dependen de una administración excelente por parte del responsable del servicio de comidas cuyas responsabilidades son de dos clases: la dirección del personal y las responsabilidades financieras —

---

[1]*to fail* [2]*survives* [3]*rate* [4]*suitable, proper*

preparar el presupuesto, pagar las facturas y los sueldos, depositar el dinero que entra y verificar que todo se efectúe dentro de los límites del presupuesto.

En los grandes hoteles el servicio de comidas está totalmente independiente del de los pisos. En los pequeños hoteles el precio del cuarto puede incluir el desayuno continental que consiste de pan y café o té o, con menos frecuencia, un desayuno inglés con huevos, tocino, tostadas, jugo de naranja, etc. En los hoteles turísticos es común ofrecer servicio de cuartos a todas horas. La pensión completa incluye la habitación y todas las comidas. Se trata de un menú fijo sin sustituciones. El precio de la pensión alimenticia en los hoteles españoles no puede exceder el 85% de la suma de los precios del desayuno, almuerzo y cena. El precio de la pensión completa es la suma de los precios de habitación y pensión alimenticia.

ESTUDIO DE PALABRAS

Ejercicio 1   Study the following cognates that appear in this chapter.

el maître d'hotel	el color	aparte
el banquete	la decoración	aceptable
la cafetería	el criterio	floral
el bar	la presentación	correcto
el barman	el plato	servil
la operación	el menú	amable
el marketing	la sustitución	continental
la promoción	el servicio	financiero
la comunidad	la suma	independiente
la atención	la responsabilidad	
la calidad	el personal	colaborar
el producto	la refrigeración	proveer
la correspondencia	el establecimiento	apreciar
el decorado	el valor	depositar
la selección	el precio	frecuentar

Ejercicio 2   Give the word or expression being defined.
1. donde sirven cocteles y otras bebidas alcohólicas
2. el que trabaja en el bar
3. el que recibe a los clientes en un restaurante de lujo
4. que no depende de nada ni de nadie
5. lo que cuesta
6. ir mucho a cierto lugar; ir con frecuencia
7. el monto, el total
8. por separado
9. el conjunto de empleados
10. amistoso, simpático

Ejercicio 3   Complete each expression with the appropriate word(s).

1. price/quality ratio	la correspondencia
	precio/_____
2. floral decoration	la decoración _____
3. friendly service	el _____ amable
4. continental breakfast	el desayuno _____
5. fixed menu	el _____ fijo
6. personnel management	la dirección del _____
7. presentation of the dishes	la _____ de los platos

Ejercicio 4   Match the verbs in Column A with related nouns in Column B.

A	B
1. decorar	a. la sustitución
2. presentar	b. la promoción
3. sustituir	c. la presentación
4. proveer	d. la operación
5. promover	e. la provisión
6. operar	f. el decorado, la decoración

Ejercicio 5   Match the English word or expression in Column A with its Spanish equivalent in Column B.

A	B
1. food and beverage service	a. el cocinero
2. head chef	b. la cocina
3. cook	c. el ayudante
4. dishwasher	d. los servicios alimenticios
5. waiter	e. la bodega
6. assistant (busboy)	f. el jefe de cocina
7. sommelier, wine steward	g. el almacén
8. wine cellar	h. el camarero, el mesero
9. kitchen	i. el lavaplatos
10. storage area	j. el escanciador

Ejercicio 6   Complete each statement with the appropriate word(s).

1. El responsable de los _____ se encarga de las comidas y las bebidas (consumiciones).
2. El _____ es el director de la cocina.
3. El _____ prepara las comidas en la cocina.
4. El _____ sirve las _____ a los clientes en el comedor.
5. El _____ ayuda al _____. Es el que quita la mesa.
6. Depositan los productos alimenticios en el _____.
7. El _____ le puede proponer (sugerir) un buen vino.
8. Almacenan los vinos en la _____.

Ejercicio 7 Match the English word or expression in Column A with its Spanish equivalent in Column B.

A	B
1. purchases	a. los ingresos
2. sales	b. el beneficio
3. income	c. hacerse cargo de
4. profit	d. las compras
5. team work	e. las ventas
6. to take charge of	f. la meta
7. conventioneer	g. la dirección
8. salary	h. el trabajo de equipo
9. goal	i. el congresista
10. management	j. el sueldo

Ejercicio 8 Give the word or expression being defined.
1. los fondos o el dinero que recibe la empresa
2. el dinero que queda de los ingresos después de deducir los gastos o los costos
3. la gestión, la supervisión, la administración
4. el objetivo
5. el salario
6. el que asiste a un congreso
7. la acción de vender
8. lo que se compra
9. encargarse de, responsabilizarse de
10. la cooperación entre varias personas en la misma tarea

Ejercicio 9 Match the English word or expression in Column A with its Spanish equivalent in Column B.

A	B
1. ambiance	a. la iluminación
2. dishes, china	b. los cubiertos
3. crystal	c. la vasija
4. silverware	d. el sabor
5. lighting	e. la vajilla
6. taste, flavor	f. la frescura
7. freshness	g. el ambiente
8. aloof, haughty	h. altivo
9. American plan	i. la pensión completa

Ejercicio 10 Give the word or expression being defined.
1. los vasos, las copas, etc.
2. los tenedores, los cuchillos, las cucharitas, las cucharas

3. los platos, los platillos, las tazas
4. las lámparas, las luces, las velas, los candelabros
5. el decorado, la decoración, los alrededores, el sitio
6. todas las comidas incluidas en el precio del cuarto

Ejercicio 11   Complete each statement with the appropriate word(s).
1. Un servicio amable es bueno. Un servicio servil o _____ no lo es.
2. La comida debe tener buen _____ y una presentación bonita.
3. El lavaplatos lava _____, _____ y _____.
4. La _____ tiene mucho que ver con la calidad de los productos alimenticios.

COMPRENSION _____

Ejercicio 1   Answer.
1. ¿Qué hace el servicio de banquetes?
2. ¿Por qué colabora muy de cerca el responsable del servicio de banquetes con el servicio o departamento de marketing?
3. En un restaurante, ¿es necesario tener precios económicos?
4. ¿Por qué hay restaurantes económicos que no tienen éxito?
5. ¿Qué es la correspondencia precio / calidad?
6. ¿Qué es un desayuno continental?

Ejercicio 2   Select the appropriate word(s) to complete each statement.
1. El lugar juega un papel importante cuando se trata de un restaurante (de hotel / independiente).
2. El servicio en un restaurante debe ser (amable / altivo).
3. El servicio debe ser (servil / cortés).
4. Un desayuno (continental / inglés o americano) incluye huevos, tocino, tostadas, jugo de naranja.

Ejercicio 3   Follow the directions.
1. Prepare Ud. una lista de todo el personal necesario para el buen funcionamiento de un gran restaurante.
2. Prepare Ud. una lista de las responsabilidades o tareas del jefe de servicios alimenticios.

Capítulo 17
LOS SERVICIOS A LA CLIENTELA

Durante su estadía en el hotel el cliente a menudo[1] necesita enviar un télex o facsímil o quiere que le planchen alguna ropa o le compren entradas al teatro. Los servicios de esta clase, bien llevados, aumentan la calidad y el placer de la estadía del cliente.

Para comenzar, una buena señalización dentro del hotel es importante, sobre todo si el hotel es grande. Los letreros o rótulos deben ser bastante grandes para poder leerlos fácilmente y deben indicar el camino a la piscina, a la peluquería o a los ascensores. Hoy día la mayoría de los hoteles emplean los pictogramas que todo el mundo comprende no importa su idioma. Es común tener una guía de servicios en todas las habitaciones.

Garaje

La primera necesidad para muchos clientes es un lugar para su automóvil. Para el hotel es un atractivo que también puede rendir unas rentas apreciables.

Equipaje

En los pequeños hoteles son los mismos clientes que llevan sus maletas a la habitación. En los hoteles de lujo es el mozo o maletero quien las lleva. Si el cliente no necesita todo su equipaje, puede dejarlo en la consigna hasta que se marche.

Correo

El número de la habitación del huésped se indica en su correspondencia. El correo entonces se entrega al cliente en sus propias manos, o por debajo de la puerta de su cuarto o depositado en su caja bajo llave. El correo destinado a los clientes que todavía no han llegado se guarda y se clasifica por fecha y por orden alfabético. Para los clientes que ya se han marchado, se les remite el correo. Si el cliente quiere enviar cartas o postales, télex, cables o facsímiles, el hotel se encargará de hacerlo.

Recados

Todos los recados se escriben en unas fichas y se depositan en la caja del cliente. En los grandes hoteles una lucecita se enciende en el teléfono de la habitación. En los pequeños hoteles se pone el nombre del huésped en un tablero cerca de la entrada.

---

[1]*often*

S. . . . .   Hab. No . . . .

RECADO

El . . . . a las . . . . horas

S . . . .

Dirección . . . .

. . . .

Teléfono . . . .

      Ha telefoneado ☐   Favor de llamarle ☐

      Vino a verle ☐   Llamará de nuevo ☐

Recado . . . .

. . . .

Servicio de despertador

La mayoría de los hoteles tienen despertadores en los cuartos, pero muchos huéspedes consideran más segura una llamada telefónica para despertarse.

Lencería y lavandería

La ropa sufre durante los viajes. Muchos hoteles ofrecen a sus clientes los siguientes servicios: limpieza de calzado, lavandería, planchado de ropa, limpieza en seco y quitamanchas rápido. Todos estos servicios están a cargo del servicio de pisos, las camareras y camareros y los limpiadores bajo el mando del ama de llaves.

Servicio de pisos

No hay que decir que el servicio de pisos es indispensable. En los grandes hoteles las actividades del personal de pisos requiere mucha organización y mucho control. Hay personal diurno y nocturno. Por ejemplo, las camareras diurnas se ocupan de la limpieza de los cuartos y los baños y de cambiar la ropa de cama. Las camareras nocturnas terminan el arreglo de las habitaciones según los deseos de los huéspedes—mantas o frazadas, almohadas extra, etc. Los limpiadores se encargan de la limpieza de los pasillos, los salones, los ascensores y otras áreas del hotel.

Se calcula que toma de 20 a 30 minutos para arreglar una habitación para un huésped nuevo. Una vez que el cuarto esté arreglado, se comprueba que todo está en orden—no solamente que esté limpio, sino que todo funcione. Para este fin se emplea una lista de cotejo en la que se indica cualquier mancha, por ejemplo, además de las reparaciones que habrá que hacer.

ENTRADA	OBSERVACIONES	No. DE BOLETO	HABITACIONES	OBSERVACIONES	No. DE BOLETO
Puerta de entrada		31719	Camas y ropa de cama		
Paredes			Mesa de cama		
Techos			Sillas		
Molduras			Escritorio		
Cerraduras			Cómoda		
Cerrojos			Mesa		
Rótulos			Cortinas		
Alfombras		31720	Ventanas		
Electricidad			Alfombra		
Portaequipajes			Persianas		
Guardarropas			Luces		
Aspecto General			Calefacción/Aire Acon.		
HABITACIONES			Teléfono		
Puerta de entrada			Televisor		
Paredes			Guía telfónica		
Techos			Aspecto general		
Molduras			Mini-bar		
Arreglo de muebles					

Inspección hecha el _____ de _____ de 19 _____ por:

Firma

Al fin y al cabo, un cliente satisfecho no solamente volverá, sino que recomendará el hotel a otras personas.

ESTUDIO DE PALABRAS

Ejercicio 1   Study the following cognates that appear in this chapter.

la clientela	la necesidad	apreciable
el télex	el automóvil	indispensable
el facsímil	el número	satisfecho
la calidad	la organización	
el pictograma	el control	indicar
la guía		depositar
el servicio		clasificar
el garaje		requerir

Ejercicio 2   Give the word being defined.
1. mostrar, enseñar
2. el carro, el coche
3. donde se ponen (se estacionan) los carros o coches
4. absolutamente necesario
5. dejar por un período de tiempo
6. el conjunto de clientes
7. una cosa necesaria

Ejercicio 3   Match the English word or expression in Column A with its Spanish equivalent in Column B.

A	B
1. to iron, ironing	a. el turno diurno
2. laundry	b. el turno nocturno
3. dry cleaning	c. arreglar, el arreglo
4. shoe polishing	d. la reparación
5. stain removal	e. la limpieza en seco
6. to straighten up, arrangement	f. la limpieza de calzado
7. repair	g. planchar, el planchado
8. check list	h. la lavandería
9. day shift	i. el quitamanchas
10. night shift	j. la lista de cotejo
11. blanket	k. la almohada
12. pillow	l. la manta, la frazada

Ejercicio 4   Complete each statement with the appropriate word(s).
1. _____ trabaja de día y _____ trabaja de noche.
2. La camarera _____ el cuarto, limpia el baño y cambia la ropa de la cama.

3. El servicio de pisos prepara _____ donde anotan todas las reparaciones que tienen que hacer.
4. Hace frío. Voy a pedirle una _____ más a la camarera.
5. Hay solamente una _____ en la cama y me gustan dos.

Ejercicio 5   Which service is needed?
1. Quiero que me laven esta camisa.
2. Quiero que me quiten esta mancha de café o vino.
3. Quiero que me planchen esta blusa.
4. Quiero que me limpien este pantalón y esta chaqueta.
5. Quiero que me lustren los zapatos.

Ejercicio 6   Match the English word or expression in Column A with its Spanish equivalent in Column B.

A	**B**
1. theater ticket	a. la consigna
2. sign	b. la ficha
3. way	c. la piscina, la alberca
4. pool	d. la entrada al teatro
5. hairdresser's	e. el servicio de despertador
6. elevator	f. el correo
7. baggage	g. el equipaje
8. bellhop	h. la renta
9. checkroom	i. el recado
10. mail	j. el ascensor
11. box	k. la lucecita
12. message	l. la peluquería
13. pleasure	m. el rótulo, el letrero
14. slip	n. el placer
15. small light	o. el maletero, el mozo, el botones
16. wake-up service	p. la caja
17. income	q. el camino

Ejercicio 7   Give the word being defined.
1. los ingresos
2. una luz pequeña
3. el elevador
4. el maletero
5. el mensaje
6. el rótulo
7. las maletas
8. contento

Ejercicio 8   Give the word or expression being defined.
1. el billete o boleto para ir al teatro
2. el que ayuda al cliente de un hotel a llevar sus maletas
3. el dinero que la empresa recibe
4. un papelito para recados
5. lo que usan los clientes para ir de un piso a otro sobre todo en los hoteles de muchos pisos
6. lo que indica algo
7. adonde se va para un corte de pelo y un champú

Ejercicio 9   Complete each statement with the appropriate word(s).
1. Este _____ indica el _____ a la _____ donde podemos nadar.
2. Tengo que levantarme a las seis de la mañana. Voy a llamar al

   _____.
3. Esta _____ en el teléfono, cuando está encendida, indica que el cliente tiene un _____.
4. En el hotel ponen el _____ en la misma _____ en que se guarda la llave.
5. Si no quieres quedarte con el equipaje, lo puedes dejar en la _____ hasta que salgas.

COMPRENSION

Ejercicio 1   Answer.
1. ¿En qué tipo de hotel es una buena señalización indispensable?
2. ¿Qué deben indicar los rótulos o letreros?
3. ¿Por qué emplean los hoteles pictogramas en los rótulos?
4. ¿Quién lleva o sube el equipaje al cuarto en un hotel pequeño? ¿Quién lo lleva en un hotel grande?
5. ¿Qué se hace con el correo que llega para los clientes que todavía no han llegado al hotel?
6. ¿Qué hacen las camareras diurnas?
7. ¿Qué hacen las camareras nocturnas?

Ejercicio 2   Give the following information.
1. tres maneras de entregar el correo al cliente de un hotel
2. dos maneras de darle al cliente de un hotel un mensaje que alguien le ha dejado

Capítulo 18
SEGURIDAD

La seguridad ha llegado a ser una de las mayores preocupaciones de los hoteleros. Esto viene a ser a causa de que los robos tanto de la propiedad de los clientes como de los hoteles que traducen en enormes pérdidas para los hoteles. Muchos hoteleros hoy día dan igual importancia a la seguridad como a los beneficios y la promoción. Al optar por determinado sistema de seguridad, los hoteleros tratan sobre todo de prevenir los problemas y así no tener que detectarlos. En un hotel grande, el conserje y sus empleados observan discretamente las idas y venidas de los clientes y tratan de reconocer a las personas sospechosas[1], pero eso solo no basta.

Protección contra el hurto

Cerraduras El antiguo sistema de cerraduras se emplea todavía. Se le da al huésped una llave de metal atada a un gran llavero pesado para evitar que el huésped se lo lleve a casa. Pero si así ocurre, el llavero suele llevar la dirección del hotel y el número de la habitación para que el cliente pueda devolver la llave. Para más seguridad, las puertas de los cuartos llevan cadena o cerrojo. Las cerraduras de seguridad se accionan automáticamente cuando el huésped cierra la puerta. Cada cuarto tiene una llave diferente. Sólo la dirección tiene una llave maestra que abre todas las puertas. Durante su estadía, cada vez que el huésped sale del hotel, deja su llave en la recepción donde se la meten en la caja con el número que corresponde al número de su cuarto. El huésped recoge la llave cuando regresa al hotel.

Hoy la informática y la electrónica hacen posible una tarjeta-llave individualizada. Cada cliente tiene una tarjeta-llave programada específicamente para el huésped. Puede llevarla consigo en todo momento y hasta puede quedar con ella cuando abandona el hotel, porque ya no servirá para el siguiente huésped. La instalación de este sistema es todavía muy costosa y se encuentra mayormente en las cadenas hoteleras.

Caja fuerte Muchos hoteles tienen caja fuerte o cajas de caudales donde los huéspedes pueden depositar sus objetos de valor. Estas cajas también se encuentran a veces en algunas habitaciones o apartamentos del hotel.

---

[1]*suspicious*

Sistemas de vigilancia

Porque los hoteles están abiertos al público, personas indeseables, ladrones, prostitutas, personas sin hogar pueden entrar. Por esta razón los hoteles recurren a la televisión en circuito cerrado que les permite vigilar todos los lugares vulnerables del hotel. Todos los hoteles grandes tienen guardas que patrullan regularmente por el hotel y que dan la alerta en seguida al servicio de seguridad en caso de cualquier infracción.

Seguridad contra incendios

Todo hotel mantiene equipo, material e instalaciones contra incendios que se inspeccionan rutinariamente. Entre ellos hay un sistema de alarma, bocas y extintores de incendios, una instalación de extinción automática y escaleras de emergencia.

En todas las habitaciones el hotelero debe fijar las consignas en caso de incendio y en todos los pisos debe proveer el plan de evacuación y las consignas generales. El equipo técnico debe ser inspeccionado periódicamente, es decir, las instalaciones eléctricas, la iluminación de seguridad, letreros luminosos, ascensores y montacargas², el sistema de aire acondicionado y la calefacción. El personal debe tomar parte regularmente en los ejercicios contra incendios. Jamás se debe permitir que se bloqueen las salidas de emergencia. Se debe prohibir fumar en los lugares donde existe mucho riesgo de incendio o de explosión.

Desgraciadamente, más y más, los hoteles se preparan para enfrentar otros tipos de incidentes desagradables: ataques a mano armada o ataques de terroristas armados de bomba.

---

²*freight elevators*

ESTUDIO DE PALABRAS _____

Ejercicio 1   Study the following cognates that appear in this chapter.

el robo	el material	en circuito cerrado
la propiedad	la alarma	vulnerable
la promoción	la emergencia	rutinariamente
el sistema	el plan	acondicionado
la protección	la evacuación	armado
el metal	el aire	discretamente
el número	el ataque	
la electrónica	el arma	prevenir
la instalación	el terrorista	detectar
el objeto	la bomba	observar
el valor		depositar
la prostituta	individualizado	inspeccionar
la televisión	programado	bloquear
la infracción	específicamente	optar

Ejercicio 2   Complete each expression with the appropriate word(s).

1. security system   el _____ de seguridad
2. metal key   la llave de _____
3. room number   el _____ de la habitación
                            (del cuarto)
4. valuables (objects)   los _____ de valor
5. closed circuit   en _____ cerrado
6. surveillance system   el _____ de vigilancia
7. evacuation plan   el plan de _____
8. emergency exit   la salida de _____
9. armed attack   el _____ a mano armada
10. terrorist attack   el _____ de terroristas

Ejercicio 3   Complete each statement with the appropriate word(s).

1. El _____ es el acto de tomar lo que no le pertenece, es decir, la
   _____ ajena (de otros).
2. El lo tiene que vigilar _____ para que no sepa que está vigilándolo.
3. Las joyas, como los diamantes, las esmeraldas y los rubíes, etc., son
   _____.
4. Es un trabajo que hace _____; lo hace todos los días.
5. En invierno los clientes quieren la calefacción y en el verano quieren el
   _____.
6. Hay que usar las salidas de _____ cuando se pone en práctica el
   _____ de evacuación.

Ejercicio 4   Match the verbs in Column A with related nouns in Column B.

	A	**B**
1.	promover	a. la prevención
2.	optar	b. la evacuación
3.	prevenir	c. el ataque
4.	detectar	d. la observación
5.	vigilar	e. la promoción
6.	observar	f. la protección
7.	proteger	g. la instalación
8.	instalar	h. la opción
9.	evacuar	i. la vigilancia
10.	atacar	j. la detección

Ejercicio 5   Match the English word or expression in Column A with its
Spanish equivalent in Column B.

	A	**B**
1.	security, safety	a. el cerrojo
2.	worry, concern	b. la tarjeta-llave
3.	loss	c. el hurto
4.	comings and goings	d. la preocupación

5. theft, larceny	e. el ladrón
6. lock	f. la llave maestra
7. chain	g. el llavero
8. bolt	h. la cadena
9. key ring	i. la cerradura
10. master key	j. la seguridad
11. key card	k. las idas y venidas
12. thief	l. la pérdida

Ejercicio 6   Give the word or expression being defined.
1. el que roba
2. el acto de robar
3. lo que se usa para cerrar la puerta
4. la llave que sirve para abrir todas las puertas del local
5. una llave no de metal sino en forma de tarjeta individualizada y programada

Ejercicio 7   Complete each statement with the appropriate word(s).
1. La _____ es una _____ de los hoteleros porque los robos o los _____ se están haciendo más y más comunes y resultan en enormes _____ para los hoteles.
2. Un _____ puede contener una sola llave o muchas llaves.
3. Muchas puertas tienen _____, _____ y _____ para proteger contra los robos.
4. Los hoteles tienen guardas que vigilan discretamente las _____ de los clientes.

Ejercicio 8   Match the English word or expression in Column A with its Spanish equivalent in Column B.

A	B
1. address	a. las personas indeseables
2. computer science	b. las personas sin hogar
3. safe deposit box	c. vigilar
4. undesirables	d. patrullar
5. homeless (people)	e. el extintor de incendios
6. guard	f. la iluminación
7. to watch	g. el guarda
8. to patrol	h. las consignas
9. fire	i. la dirección
10. equipment	j. la informática
11. fire extinguisher	k. la boca de incendios
12. instructions	l. la caja fuerte
13. lighting	m. el equipo
14. fire hydrant	n. el incendio

Ejercicio 9   Give the word or expression being defined.
1. el que no tiene hogar
2. las instrucciones formales
3. el fuego
4. el que vigila
5. una persona que por una razón u otra es ofensiva
6. un equipo para apagar incendios

Ejercicio 10   Complete each statement with the appropriate word(s).
1. En todas las habitaciones del hotel hay _____ que explican lo que se debe hacer en caso de incendio.
2. La _____ de las áreas exteriores del hotel puede hacer que entren muchos tipos indeseables.
3. Muchos hoteles tienen como empleados _____ que _____ toda la instalación.
4. Hay por lo menos un _____ en cada pasillo del hotel que se puede usar en caso de incendio.
5. Los clientes no deben dejar sus objetos de valor en el cuarto. Los deben poner o depositar en _____.
6. La _____ del hotel es la Gran Vía 67.
7. La _____ provee agua para apagar un fuego.
8. Los guardas _____ discretamente las idas y venidas de los clientes.

COMPRENSION

Ejercicio 1   True or false?
1. Muchos hoteleros consideran la seguridad tan importante como los beneficios.
2. El llavero que el hotel entrega al cliente es frecuentemente pesado para evitar que el cliente lo lleve con él cuando sale.
3. Los clientes del hotel pueden y deben depositar sus objetos de valor en la caja fuerte.
4. Los grandes hoteles tienen personal que patrulla el hotel.
5. Hay que estar seguro de bloquear las salidas de emergencia.

Ejercicio 2   Answer.
1. En un gran hotel, ¿quién vigila discretamente las idas y venidas de los clientes?
2. ¿Cómo se accionan las cerraduras de seguridad?
3. ¿Qué es una tarjeta-llave?
4. ¿Por qué han instalado muchos hoteles la televisión en circuito cerrado?
5. ¿Qué debe el hotelero fijar en todas las habitaciones del hotel?

Ejercicio 3   Follow the directions.

1. Prepare Ud. una lista de algunas cosas que hacen los hoteles para tratar de asegurar que las puertas estén bien cerradas.

2. Prepare Ud. una lista del equipo necesario en caso de incendio.

Capítulo 19
COMUNICACIONES

Los últimos 20 años han visto unos adelantos imponentes en las comunicaciones de todos los tipos: oral (teléfono), impreso (facsímil), imagen (televisión y video). Los hoteles, especialmente aquéllos cuyos clientes son, en su mayoría, personas de negocios, deben ofrecer todos estos medios comunicativos.

Teléfono

Hoy día las exigencias de los clientes en cuanto a servicio telefónico son múltiples. Por lo general, quieren poder telefonear a cualquier lugar dentro del país en donde se encuentran igual que al extranjero. A menudo también quieren tener acceso a las redes telemáticas. Se comprende que la instalación telefónica debe permitir un control riguroso de todos los diferentes tipos de llamadas, desconexión de la línea el momento en que el cliente abona su factura y la facturación automática de la cuenta por pagar.

En los grandes hoteles hay teléfono en todas las habitaciones. Los teléfonos están conectados con una centralita que ofrece varias posibilidades.

- Línea directa   La llamada se hace sin la intervención de la operadora.
- Recepción directa   Los clientes pueden recibir llamadas sin la intervención de la operadora.
- Discado abreviado   Se emplea una clave abreviada para los números más frecuentes—taxis, aeropuertos, etc.
- Corte de línea   Es el corte de la línea telefónica cuando el huésped no está.
- Contestador automático   Permite grabar una llamada telefónica o dar automáticamente un mensaje a la persona que llama.
- Llamada automática   Si el número está ocupado, se guarda en la memoria y se llama de nuevo automáticamente en cuanto se desocupe.
- Mensaje de paciencia   Si el número está ocupado, se toca música para pacificar al que llama.
- Remisión automática   Todas las llamadas destinadas a un lugar se remiten[1] a otro.

Además, ciertos servicios telefónicos están cada vez más en demanda, especialmente por las personas de negocios. Se trata, por ejemplo, del servicio que permite una conversación entre tres, el cliente y dos personas más que se encuentran igual dentro del país como en el extranjero. La reunión telefónica es

---

[1]*are forwarded*

otro servicio de este género. Hasta 20 personas pueden tomar parte y pueden emplear cualquier tipo de teléfono, de automóvil, de cabina telefónica, etc.

Télex

La palabra «télex» es la abreviatura de las palabras inglesas *telegraph exchange*. El télex permite transmitir una corriente electrónica a distancia gracias a una red de telecomunicaciones. Esta operación se puede efectuar por máquina télex o por una microcomputadora provista de una «caja negra». La ventaja del télex es que mantiene el contacto con los abonados las 24 horas del día. Es de mucha importancia para los hoteles, sobre todo aquéllos con muchos clientes extranjeros. El télex tiene un teclado sobre el que se escribe un mensaje y un impresor que imprime el mensaje que se envía o que se recibe. Algunos télex también tienen un procesador de texto y una pantalla. La forma en que se transmite un télex es bastante sencilla. Sólo hay que poner con el teclado el número del télex del receptor y luego escribir el mensaje.

```
696020M
RITZHOT 897678E
121 3431
MICMEX 989564M
DE ESTIGARRIBIA MICROMEXICO 22/04/92
ATENCION RECEPCION HOTEL RITZ ALGECIRAS

CONFIRMACION RESERVACION TELEFONICA DE HOY A NOMBRE
SR. LUIS TORAL MICROMEXICO SA
1 HABITACION BAÑO WC NOCHES 23 Y 24 MAYO
HORA DE LLEGADA APROXIMADA 1900 – 2030

GRACIAS
SALUDOS  M SOTOMAYOR

RITZHOT 897678E
MICMEX 696020M
```

El texto se memoriza y la transmisión se efectúa entre las memorias de las dos máquinas. Las tarifas del servicio de télex se establecen según el mismo principio que las tarifas telefónicas.

Facsímil

El facsímil o fax permite transmitir los documentos escritos o las gráficas por medio de las máquinas de telefoto y la red telefónica. La operación es muy sencilla. Se introduce el documento en la máquina, se entra el número fax del destinatario y se oprime el botón de emisión. La transmisión se efectúa automáticamente en la mayoría de los casos. El facsímil ha cambiado radicalmente los intercambios comerciales. Igual que el télex, el fax tiene otras ventajas, como el contacto permanente con los abonados las 24 horas del día.

Telemática

La telemática reúne la sencillez del teléfono con las numerosas posibilidades que ofrece la informática. El sistema emplea un terminal de videotex—teclado y pantalla. Sirve de emisora y de receptor. Puede conectar a los usuarios con los teatros, hoteles, agencias de viajes, tiendas por departamentos, etc. Se puede reservar una habitación en un hotel, por ejemplo. Por ahora la telemática es más común en Europa que en los EE.UU.

Audio y video reuniones

Aunque relativamente reciente, esta tecnología les permite a grupos trabajar juntos a pesar de que se encuentren muy lejos los unos de los otros. Tienen que estar en unos estudios especialmente equipados. Este tipo de reunión tiene la ventaja de dejar que los participantes tengan las manos libres. En el caso de la video reunión, los participantes no sólo pueden oírse, sino que también se pueden ver.

ESTUDIO DE PALABRAS

Ejercicio 1   Study the following cognates that appear in this chapter.

la comunicación	el operador	la telefoto
el tipo	la recepción	el terminal
el teléfono	el número	
el facsímil	el taxi	oral
la imagen	la memoria	múltiple
la televisión	la demanda	automático
el video	la conversación	directo
el acceso	la distancia	frecuente
la instalación	la telecomunicación	electrónico
el control	el télex	telefónico
la desconexión	la microcomputadora	
la posibilidad	el contacto	conectar
la línea	la transmisión	memorizar
la intervención	el documento	transmitir

Ejercicio 2   Complete each expression with the appropriate word(s).

1. means of communication   los medios de _____
2. automatic billing   la facturación _____
3. direct call   la llamada _____
4. three-way conversation   la _____ entre tres
5. phone booth   la cabina _____
6. fax number   el número de _____
7. written document   el _____ escrito
8. telex machine   la máquina de _____
9. video meeting   la _____ reunión

Ejercicio 3   Match the verbs in Column A with related nouns in Column B.

	A		B
1.	comunicar	a.	la transmisión
2.	desconectar	b.	la desconexión
3.	intervenir	c.	la intervención
4.	recibir	d.	la comunicación
5.	transmitir	e.	la recepción, el receptor

Ejercicio 4   Complete each statement with the appropriate word(s).
1. Se puede hacer una llamada _____ sin la intervención del operador.
2. Por medio del facsímil se puede enviar o transmitir _____ escritos.
3. El fax, igual que el télex, permite el _____ permanente entre los abonados las 24 horas del día.
4. Para enviar un fax, es necesario saber el _____ de fax del destinatario (al que se envía el fax).
5. El teléfono es un ejemplo de un medio de _____ oral.

Ejercicio 5   Match the English word or expression in Column A with its Spanish equivalent in Column B.

	A		B
1.	call	a.	la centralita
2.	automatic recall (call back)	b.	la llamada automática
3.	call forwarding	c.	el discado abreviado
4.	quick dial(ing)	d.	ocupado
5.	answering machine	e.	el abonado
6.	subscriber	f.	la llamada
7.	to dial (a number)	g.	la clave
8.	sender	h.	la remisión automática
9.	receiver	i.	abonar la factura
10.	busy	j.	el contestador automático
11.	to pay a bill	k.	discar, marcar
12.	switchboard	l.	el destinatario, el receptor
13.	key, code	m.	el emisor, el transmisor
14.	disconnect, cutoff (phone line)	n.	el corte de línea

Ejercicio 6   Complete the following paragraph.

Una _____ telefónica se efectúa frecuentemente entre dos personas. La persona que hace la llamada, _____, marca el número. La persona que recibe la llamada, _____, contesta. Si la línea está _____, es decir, si alguien está hablando, el _____ puede volver a llamar más tarde, a menos que tenga el servicio de _____. En este caso el teléfono guarda el número demandado en la memoria y lo llama de nuevo automáticamente en cuanto se desocupe (esté libre) la línea.

Ejercicio 7   Complete each statement with the appropriate word(s).
1. No está nadie. Voy a dejar un mensaje en el _____.
2. El teléfono suena _____. Voy a llamar de nuevo más tarde.
3. En muchos hoteles, en cuanto el cliente _____, se efectúa el corte de línea y no puede servirse del teléfono en su habitación.
4. Se puede _____ el número sin la intervención del operador.
5. Se emplea _____ para los números demandados frecuentemente.
6. El _____ del teléfono es el que tiene un teléfono privado.
7. El _____ interviene cuando hay una _____ y nadie está para contestar.
8. ¿Cuál es la _____ de área para Madrid?

Ejercicio 8   Match the English word or expression in Column A with its Spanish equivalent in Column B.

A	B
1. microcomputer	a. el teclado
2. black box	b. la pantalla
3. keyboard	c. la telemática
4. send button	d. el procesador de texto
5. screen	e. la microcomputadora
6. printer	f. oprimir
7. to print	g. la caja negra
8. printed	h. la red
9. to press	i. el botón de emisión
10. electronic mail	j. la tarifa
11. network	k. impreso
12. word processor	l. imprimir
13. rate, fee	m. el impresor

Ejercicio 9   Identify each part.

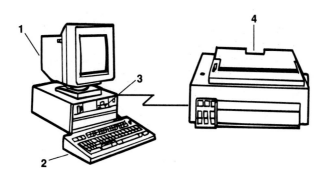

Ejercicio 10   Give the word or expression being defined.
1. una computadora pequeña
2. lo que cuesta mandar el mensaje oral o escrito
3. el conjunto de líneas comunicativas
4. el conjunto de teclas en una computadora o máquina de escribir
5. el botón que hay que oprimir para enviar un fax

Ejercicio 11   Complete the following paragraph.

Yo tengo un _____ de texto con _____. Al oprimir el _____ de imprimir, el _____ empieza a _____ el documento. En algunos momentos sale el documento _____.

COMPRENSION

Ejercicio 1   Identify the type of communication.

                    oral   escrito   imagen
1. el teléfono
2. el facsímil
3. la televisión
4. el contestador automático
5. el video
6. el impresor

Ejercicio 2   Explain each of the following.
1. una línea (llamada) directa
2. el discado abreviado
3. la llamada automática
4. el mensaje de paciencia
5. la remisión automática
6. la reunión telefónica
7. la video-reunión
8. la telemática

Capítulo 20

CONTABILIDAD

El negocio del hotelero se basa en la venta a crédito de una variedad de servicios. Mientras más puntos de venta hay, más compleja es la contabilidad. Se trata no solamente de las habitaciones, sino también del teléfono, del comedor, del bar, del servicio de cuartos, del garaje, de la lavandería e incluso la piscina, los banquetes y la peluquería. Toda factura debe ser muy detallada y debe entregarse al cliente para su revisión.

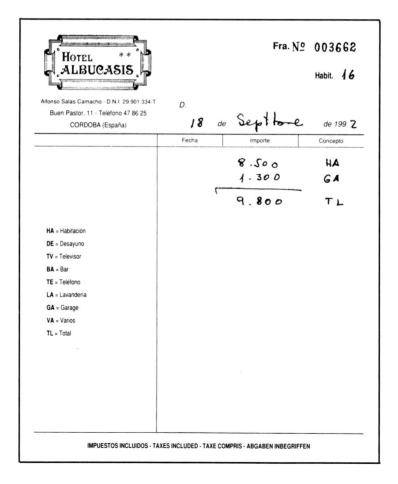

Fecha	Importe	Concepto
	8.500	HA
	1.300	GA
	9.800	TL

HA = Habitación
DE = Desayuno
TV = Televisor
BA = Bar
TE = Teléfono
LA = Lavandería
GA = Garage
VA = Varios
TL = Total

HOTEL ** ALBUCASIS

Alfonso Salas Camacho - D.N.I. 29.901.334-T
Buen Pastor, 11 - Teléfono 47 86 25
CORDOBA (España)

Fra. Nº 003662

Habit. 16

D.

18 de Sept.bre de 199 2

IMPUESTOS INCLUIDOS - TAXES INCLUDED - TAXE COMPRIS - ABGABEN INBEGRIFFEN

28 de septiembre de 19 _____

PARTE 1: GESTION COMERCIAL						PARTE 2: GESTION DE VENTAS									PARTE 3: GESTION DE TESORERIA							
N° de Hab.	Apellidos de clientes	No.	Habitaciones alquiladas			Trámites/Alojamiento			PDJ	BAR	REST.	TEL.	DIV.	TOTAL DIA	Suma y Sigue	Desem bol sos	Total General	Créditos/Haber				A Cobrar
			Ind.	Ste.	Grpe	IND.	STE	GRPE										Efectivo	Cheque	Remise	Offert	
...	....	...	...	...	...																	
101	Ruipérez	...	...	...	...	450 +	... +	... +	40 +	70 +	... +	... +	... =	560								
103	Magallanes	...	...	...	...	+470 +	... +	... +	80 +	... +	240+	... +	... =	790								
122	Gómez Farías	...	...	...	...	+450 +	... +	... +	40 +	... +	... +	35 +	... =	525								
128	Huidobro	...	...	...	...	+450 +	... +	... +	40 +	83 +	170+	... +	... =	743								
132	Churriga	...	...	...	...	... +	400 +	... +	35 +	... +	320+	15 +	... =	770								
158	Vega Martínez	...	...	...	...	... +	370 +	... +	35 +	... +	... +	12 +	... =	417								
161	Gorostiza	...	...	...	...	+400 +	... +	... +	40 +	... +	280+	... +	... =	720								
	Bar Efectivo	...	...	...	...	... +	... +	... +	... +	620 +	... +	... +	... =	620								
	Restaurante Ef.	...	...	...	...	... +	... +	... +	... +	... +	2350+	... +	... =	2350								
	Teléfono Ef.	...	...	...	...	... +	... +	... +	... +	... +	... +	80 +	... =	80								
...	**TOTAL**	...	...	...	...	2220	770	...	310	773	3360	142	...	7575								
...	....	...	...	...	...																	

Libro de diario o de caja

En el libro de diario se registran todas las operaciones comerciales del día. El registro se puede efectuar a mano o por computadora. Así se puede controlar las cuentas de los clientes del hotel, controlar las ventas de todos los sectores, facturar al cliente y registrar las liquidaciones de cuenta.

Ya que el hotelero vende sus servicios a crédito, él es el acreedor y el cliente es el deudor. En la contabilidad, el balance o saldo corriente permite controlar las cuentas de debe (clientes) y de haber (ventas). Los dos asientos deben concordar para ser correctos. El libro de diario facilita información de tres tipos: (1) los clientes: nombres y apellidos, número de personas, condiciones de estadía, etc.; (2) las ventas: desglosar las ventas según los sectores y la cifra comercial del día; (3) la caja o tesorería: se puede calcular la deuda total de los clientes (véase la página 130).

El cierre de cuentas

Muy de noche o a primera hora de la mañana, se cierran las cuentas de los clientes y las cuentas de ventas y se prepara un cuadro[1] indicando todos los haberes y debes del día. Esto incluye no solamente el poner al día las cuentas, sino también el control de todas las cuentas. Los resultados constituyen el asunto del informe diario sobre la gestión. Este informe se analiza detenidamente y le ayuda al hotelero a velar[2] la actividad de su hotel y así poder efectuar los cambios necesarios para hacer cara a la competencia o adaptarse a cambios en la situación económica.

---

[1]*chart*   [2]*watch over*

ESTUDIO DE PALABRAS _____

Ejercicio 1   Study the following cognates that appear in this chapter.

la variedad	el balance	comercial
el servicio	el acreedor	corriente
la operación	el deudor	complejo
el registro		
la computadora	a crédito	controlar
el sector	detallado	analizar

Ejercicio 2   Give the word or expression being defined.
1. el que le debe dinero a otro
2. la persona a quien se le debe dinero
3. el monto, la suma que se debe
4. de hoy, al día
5. la parte, el área
6. estudiar detallada y minuciosamente
7. difícil, complicado
8. una venta sin cobrar ni demandar (pedir) pago en seguida (inmediatamente)

Ejercicio 3 Match the English word or expression in Column A with its Spanish equivalent in Column B.

A	B
1. accounting	a. el cierre
2. bill	b. la liquidación de cuenta
3. account	c. la contabilidad
4. entry	d. revisar, la revisión
5. settlement (of an account)	e. la cuenta
6. to break down, break out	f. la factura
7. to bill	g. los puntos de venta
8. to check over, review	h. desglosar
9. daily turnover figure	i. el asiento
10. closing, close out (of an account)	j. el informe
	k. la competencia
11. report	l. facturar
12. points of sale	m. la cifra comercial del día
13. competition	n. el diario
14. daily ledger	o. el saldo
15. balance	p. concordar
16. to agree	

Ejercicio 4 Complete each statement with the appropriate word(s).

1. En un hotel, el restaurante, la piscina, las habitaciones, los banquetes, etc., son todos _____.
2. La _____ que se entrega al cliente debe ser detallada, es decir, debe incluir todos los cargos con una explicación o descripción de cada uno.
3. En un hotel es necesario establecer o abrir una _____ para cada cliente.
4. La _____ hotelera es bastante compleja porque hay muchos clientes, muchos servicios diferentes y muchos puntos de venta.
5. Si no hay muchos hoteles en la misma ciudad, la _____ no es muy fuerte.
6. Cuando el cliente recibe su factura, la quiere _____ para determinar si él (ella) está de acuerdo con todos los cargos, o sea, con el _____ que aparece en la factura.
7. Las _____ de cuenta se efectúan generalmente cuando el cliente abona su factura.
8. El _____ de cuentas se efectúa durante la noche.
9. Hay que preparar _____ todos los días. El _____ indica todas las operaciones comerciales del día.

Ejercicio 5   Match the word in Column A with its definition in Column B.

A	**B**
1. desglosar	a. una cuenta detallada con todas las
2. el cierre	transacciones
3. el saldo	b. estar de acuerdo
4. concordar	c. distribuir, asignar, repartir
5. el asiento	d. el pago, la conciliación, el ajuste,
6. la factura	el arreglo
	e. el balance
	f. una entrada, partida o inscripción
	contable

COMPRENSION

Ejercicio 1   True or false?
1. Hay que abrir o establecer cuentas para cada punto de venta en un hotel.
2. Mientras más puntos de venta hay, más compleja es la contabilidad.
3. Las cuentas de los clientes de un hotel son cuentas de debe.
4. Las cuentas del cliente se convierten en crédito el momento en que el cliente abona su factura, es decir, cuando paga la factura.

Ejercicio 2   Answer.
1. ¿Qué es el libro de diario?
2. ¿Cuál es otro nombre que se le da al libro de diario?
3. El cliente del hotel es un deudor. ¿Por qué?
4. ¿El hotelero vende servicios, bienes o los dos?
5. ¿Cuándo cierran las cuentas de los clientes los hoteleros?
6. ¿Por qué es importante el análisis del informe diario?

Ejercicio 3   Follow the directions.
Explique cómo el hotelero vende a crédito.

Capítulo 21
MARKETING

Actualmente, es raro ver un verdadero éxito[1] comercial sin marketing. La importancia de marketing sigue creciendo[2]. En el caso de la hostelería el marketing permite estudiar las diferentes posibilidades de mercado antes de tomar una decisión sobre la introducción o la modificación de servicios. En marketing se habla de los cuatro factores: producto, lugar, precio y promoción.

Producto

El hotelero debe estudiar los puntos fuertes y los puntos débiles de su establecimiento para estar en condiciones para confrontar a la competencia. Debe examinar los siguientes factores: (1) la ubicación del hotel—en el centro de la ciudad, acceso a autopistas, centro turístico; (2) la capacidad del hotel; (3) las diferentes instalaciones del hotel; (4) la apariencia exterior e interior del hotel igual que el ambiente; (5) el medio ambiente económico y el contexto turístico.

Gran número de variables tienen un impacto en determinado mercado. En el caso de la hostelería el mercado es la clientela. Por eso el responsable de marketing debe estudiar el mercado detalladamente y escoger el segmento del mercado que mejor conviene[3] a su hotel. Esto se llama «la segmentación del mercado» y en la hostelería la segmentación del mercado divide la clientela en dos partes: el mercado actual y el mercado potencial.

Se efectúa la segmentación de la clientela de la siguiente manera: (1) los clientes independientes que no se valen de agentes de viajes y que no toman parte en congresos ni en otras actividades profesionales o fraternales; (2) los seminarios organizados por las empresas, generalmente sin intermediarios; (3) las reuniones de carácter comercial, promocional o publicitario; (4) los congresos que son reuniones profesionales de carácter informativo; (5) los grupos que se forman independientemente, sin intermediario, es decir, sin operador de tours ni agencia de viajes; (6) los grupos organizados por los operadores de tours que frecuentan el establecimiento rutinariamente.

---

[1]*success* [2]*growing* [3]*is most suitable*

Lugar

Otro factor es la ubicación del hotel. Hay que estudiar y anotar todas las ventajas del hotel según su emplazamiento: vista al mar, tranquilidad, seguridad para los niños, instalaciones recreativas como piscina, canchas de tenis, etc. Entonces se prepara una lista con las ventajas de la competencia y se comparan las dos listas. Al comparar las listas se puede precisar las ventajas de venta exclusivas del establecimiento. Esta ubicación o «posicionamiento» del establecimiento es muy importante cuando se trata de atraer a nuevos clientes.

Precio

El problema es el de establecer un precio aceptable para el cliente, pero que a la vez permite que el hotel realice un beneficio razonable. También hay que tener en cuenta la competencia cuando se establece el precio. Por lo general, es la interacción de oferta y demanda la que determina el precio. No obstante, en el caso de la hostelería, la oferta es fija; el número de habitaciones no cambia y un cuarto sin alquilar es una pérdida de ingresos irrecuperable. Por otra parte, la demanda varía según las temporadas del año igual que según el día de la semana.

Según el caso, el hotelero puede adoptar una variedad de políticas de precio. La política de «precio de desnatación» consiste en fijar los precios muy altos para atraer sólo a una clientela acomodada[4] o a las personas de negocios. La política de «precio de penetración» es lo contrario. Se fija un precio bajo que atrae a la mayoría de los clientes, pero que no permite realizar bastante beneficio. La política de «precio justo» fija un precio para cada uno de los productos, cada período de tiempo y cado uno de los mercados.

Promoción

Ahora hay que ocuparse de vender. Hay muchas técnicas: (1) la de tipo visual—un bello emblema, símbolo o insignia atrae al cliente; (2) el material de promoción—panfletos, carteles, etc.; (3) la propaganda por correo; (4) el telemarketing o ventas por teléfono y (5) las ventas a domicilio. Pero lo más importante de todo, no importa los medios que se emplean para atraer al cliente, es que la relación calidad/precio sea satisfactoria.

---

[4]well-to-do

ESTUDIO DE PALABRAS

Ejercicio 1   Study the following cognates that appear in this chapter.

el marketing	la introducción	la promoción
el caso	la modificación	el punto
la posibilidad	el producto	el establecimiento
la decisión	el precio	el acceso

la capacidad	la relación	profesional
la apariencia	el material	publicitario
la variable	la calidad	fraternal
la clientela	la ventaja	rutinariamente
el segmento	la desventaja	exclusivo
la segmentación	el impacto	visual
la actividad		satisfactorio
el seminario	exterior	irrecuperable
la interacción	interior	diferente
el emblema	aceptable	
el símbolo	actual	confrontar
la insignia	potencial	anotar
el telemarketing	promocional	adoptar

Ejercicio 2   Complete each expression with the appropriate word(s).

1. different possibilities   las posibilidades _____
2. strong points   los _____ fuertes
3. weak point   el _____ débil
4. type of clientele   el tipo de _____
5. actual (present) client   el cliente _____
6. potential client   el cliente _____
7. exclusive sales advantages   las ventajas de venta _____
8. advertising material   el _____ publicitario
9. outer appearance   la _____ exterior
10. market segment   el _____ del mercado
11. market segmentation   la _____ del mercado
12. professional activities   las _____ profesionales
13. price/quality ratio   la relación _____/precio

Ejercicio 3   Select the appropriate word to complete each statement.

1. Un punto débil es una (ventaja / desventaja).
2. Un punto fuerte es una (ventaja / desventaja).
3. Un panfleto es un ejemplo de material (profesional / promocional).
4. Un anuncio en el periódico o en una revista es un ejemplo de material (contable / publicitario).
5. Un seminario se compone de un (grupo / individuo).
6. Los balcones tienen que ver con la apariencia (exterior / interior) del hotel.
7. El número de clientes que puede alojar (acomodar) un hotel es su (clientela / capacidad).

Ejercicio 4   Match the word or expression in Column A with its definition in Column B.

A	B
1. el segmento	a. la tarifa, el costo
2. rutinariamente	b. justo, no exagerado
3. visual	c. que no se puede recuperar
4. razonable	d. tener una influencia sobre
5. exclusivo	e. la parte, el sector
6. anotar	f. único, sólo
7. irrecuperable	g. de todos los días, habitualmente
8. la modificación	h. el cambio
9. tener un impacto	i. que se puede ver
10. el precio	j. apuntar

Ejercicio 5   Match the English word or expression in Column A with its Spanish equivalent in Column B.

A	B
1. director of marketing	a. tomar una decisión
2. market	b. la oferta y demanda
3. policy	c. el ambiente
4. penetration pricing	d. el responsable de marketing
5. price skimming	e. el beneficio
6. supply and demand	f. el posicionamiento
7. to attract	g. el mercado
8. loss of revenue	h. atraer
9. profit	i. la política
10. location	j. la pérdida de ingresos
11. positioning	k. el precio de penetración
12. ambiance	l. el precio de desnatación
13. to make a decision	m. la ubicación, el emplazamiento

Ejercicio 6   Complete each statement with the appropriate word(s).

1. Una habitación libre, es decir, sin alquilar, representa una _____ irrecuperable.
2. Un hotel no puede realizar un _____ cuando siempre tiene muchos cuartos vacíos, es decir, una tasa de desocupación alta.
3. El hotelero siempre quiere _____ a más clientes porque su clientela es su _____.
4. Es necesario tener una _____ de precio justa y razonable.
5. La _____ o situación de un hotel influye indudablemente en el tipo de clientela que atrae el hotel.
6. No es siempre fácil conciliar la _____ con la demanda.
7. Un buen administrador siempre tiene que _____ decisiones.

Ejercicio 7   Give the word being defined.
1. lo que hay disponible, lo que se puede ofrecer
2. lo que el mercado está dispuesto a comprar
3. la diferencia entre los ingresos y los egresos (gastos, costos)
4. la situación, el emplazamiento
5. el conjunto de condiciones que rodean a un individuo
6. la manera establecida para hacer o practicar algo
7. el dinero que recibe la empresa

Ejercicio 8   Match the English word or expression in Column A with its Spanish equivalent in Column B.

A	B
1. facilities	a. alquilar
2. convention	b. la temporada
3. meeting	c. las ventas a domicilio
4. to rent	d. el congreso
5. season	e. la reunión
6. pamphlet	f. el cartel
7. poster	g. el panfleto
8. advertising	h. las instalaciones
9. door-to-door selling	i. la propaganda, la publicidad

Ejercicio 9   Complete each statement with the appropriate word(s).
1. La _____ alta es el verano para un hotel ubicado en un balneario.
2. La discoteca, la piscina, el salón fitness, las canchas de tenis son _____ que tienen muchos hoteles grandes.
3. La _____ es un medio importante de promoción.
4. En español se dice con más frecuencia «_____», pero se oye también el término «convención».
5. Una _____ comprende un grupo más pequeño que el de un congreso.
6. Se puede pegar un _____ en la pared donde todos lo pueden ver.
7. Un folleto o un _____ tiene menos importancia que un libro y se usa frecuentemente para la promoción o la propaganda.

Ejercicio 10   Give the word or expression being defined.
1. la época
2. rentar
3. el folleto
4. la publicidad
5. a casa
6. la convención
7. la asamblea, el mitín

COMPRENSION

Ejercicio 1 Answer.

1. ¿Cuáles son los cuatro factores de marketing?
2. ¿Cuál es el producto que ofrece el hotelero?
3. ¿Qué debe analizar el hotelero para determinar los puntos fuertes y los puntos débiles de su establecimiento?
4. ¿Cuál es el mercado del hotelero?
5. ¿Qué significa «la segmentación del mercado»?
6. ¿Cuál es la diferencia entre el mercado actual y el mercado potencial?
7. Por lo general, ¿qué determina el precio que puede establecer un hotel?
8. ¿Por qué es más fija la oferta de la industria hotelera que la demanda?

Ejercicio 2 Follow the directions.

Prepare Ud. una lista de las diferentes categorías de clientela hotelera.

Ejercicio 2 Describe the following.

1. el precio de desnatación
2. el precio de penetración
3. el precio justo

ANSWERS TO VOCABULARY EXERCISES

TURISMO

Capitulo 1: Turismo y viajes

Ejercicio 2
1. d   2. a   3. b   4. c   5. e

Ejercicio 3
1. un desierto   2. unas montañas   3. unas montañas   4. un mar   5. un océano
6. un mar   7. un río   8. un desierto   9. un planeta   10. un río   11. un pico
12. un pico

Ejercicio 4
1. religiones   2. región   3. altitud, latitud   4. hemisferios   5. La cultura
6. El clima

Ejercicio 6
1. b   2. l   3. a   4. k   5. d   6. g   7. c   8. j   9. h   10. m   11. f   12. i
13. e

Ejercicio 7
1. país   2. mar   3. río   4. corriente(s)   5. lugar   6. superficie   7. mundo
8. lago, mundo   9. nivel del mar   10. el huso (horario)   11. viajar   12. puebla

Capitulo 2: La industria del turismo

Ejercicio 2
1. agencia   2. agencia   3. habitual   4. vacaciones   5. industria   6. línea
7. costo   8. operador

Ejercicio 3
1. el personal   2. multilingüe   3. la función   4. nacional   5. internacional
6. la frontera   7. habitual   8. la profesión

Ejercicio 4
1. e   2. c   3. g   4. a   5. d   6. h   7. b   8. f

Ejercicio 5
1. g   2. i   3. k   4. b   5. d   6. a   7. c   8. l   9. e   10. f   11. h   12. j

Ejercicio 6
1. El nivel de vida   2. estancia   3. mayorista   4. detallista   5. huésped
6. albergue   7. placer   8. alojamiento   9. cruzar

Ejercicio 7
1. veraniego   2. invernal   3. la estancia   4. el nivel de vida   5. un huésped
6. el placer

Ejercicio 8
1. c   2. e   3. a   4. b   5. j   6. i   7. g   8. h   9. d   10. f

Ejercicio 9
1. extranjero   2. empresa   3. estrellas   4. despachar   5. folleto   6. avión
7. caravana

Ejercicio 10
1. un ferrocarril   2. un avión   3. un vapor

CAPITULO 3: Turismo internacional

Ejercicio 2
1. diplomático   2. conflicto   3. nacional   4. protección   5. mutuo   6. aviación
7. Comunidad Económica   8. agente   9. balance   10. balance   11. transporte
12. internacional   13. internacional   14. nacional

Ejercicio 3
1. f   2. c   3. m   4. h   5. a   6. o   7. l   8. d   9. n   10. b   11. k   12. g
13. j   14. e   15. p   16. i

Ejercicio 4
1. b   2. c   3. g   4. f   5. e   6. d   7. a   8. h

Ejercicio 5
1. d   2. f   3. a   4. h   5. g   6. b   7. j   8. e   9. c   10. k   11. i

Ejercicio 6
1. c   2. e   3. f   4. i   5. j   6. a   7. g   8. h   9. l   10. k   11. d   12. b

Ejercicio 7
1. ir, venir, súbditos nacionales (ciudadanos)   2. seguridad   3. ciudadanos (súbditos)
4. emitir   5. política   6. ciudadanos, apuros (peligro)   7. tratado   8. partes
9. desarrollar (promover)

Ejercicio 8
1. e   2. h   3. c   4. i   5. j   6. m   7. k   8. l   9. a   10. d   11. g   12. n
13. b   14. f

Ejercicio 9
1. divisas   2. salida de divisas, balance de pagos (balance comercial)   3. equilibrar
4. gravar, recaudar   5. aranceles   6. ingreso   7. vuelos

Ejercicio 10
1. el monto   2. ingreso   3. recaudar   4. gravar   5. el arancel

Capitulo 4: Tipos de turismo

Ejercicio 2
1. excursión   2. esquí   3. monumento   4. arqueológico   5. jazz   6. animal
7. catedral   8. acueducto   9. anfiteatro   10. castillo   11. pirámide   12. aéreo
13. transporte

Ejercicio 3
1. museo, Museo, museo   2. teatro   3. catedral   4. animales   5. estadio
6. indígenas

Ejercicio 4
1. el músico   2. el estadio   3. renovado   4. la arqueología   5. islámico

Ejercicio 5
1. acuático   2. histórico   3. artístico   4. monumental   5. medieval   6. indígena

Ejercicio 6
1. c   2. d   3. g   4. h   5. a   6. e   7. b   8. k   9. j   10. f   11. i   12. l

Ejercicio 7
1. deportes de la nieve   2. natación   3. bañarse   4. fin de semana   5. a corto plazo
6. estación   7. conferencia   8. hielo   9. plancha de vela   10. buceo

Ejercicio 8
1. d   2. a   3. i   4. c   5. l   6. b   7. k   8. h   9. f   10. j   11. g   12. e

Ejercicio 9
1. colina   2. vagones   3. aficionado   4. crucero   5. excursión de «paquete»
6. risco   7. jardinería   8. bosque, bosques   9. arroyo

Capitulo 5: Viajes marítimos

Ejercicio 2
1. g   2. e   3. c   4. h   5. b   6. a   7. f   8. d

Ejercicio 3
1. distancia   2. transatlántico   3. propulsión   4. enorme   5. precio   6. hotel
7. aeróbicos   8. potencial   9. internacional   10. compañía   11. necesaria
12. transporte   13. segmento

Ejercicio 4
1. industria   2. transatlántico   3. flotantes   4. actividades   5. aviación

Ejercicio 5
1. e   2. a   3. b   4. j   5. k   6. m   7. d   8. n   9. g   10. h   11. i   12. l
13. c   14. f   15. o

Ejercicio 6
1. barco   2. transatlánticos, travesías   3. cruceros   4. barcos de crucero (cruceros)
5. recorrido   6. vapor, velero   7. gabarra   8. dura   9. lanchas   10. desplazarse
11. brújula   12. galera

Ejercicio 7
1. b   2. d   3. e   4. h   5. i   6. k   7. c   8. j   9. a   10. f   11. g   12. l

Ejercicio 8
1. camarotes, apartamentos de lujo   2. concursos, juegos de naipes, placentera
3. puerto, puertos, puerto   4. piscina (alberca)   5. fletar   6. veraneantes
7. muelles   8. fletar   9. tripulación

CAPITULO 6: Viajes por avión

Ejercicio 2
1. aeropuerto   2. supersónico   3. línea   4. agencia   5. aérea   6. ruta
7. tráfico, internacional   8. aviación   9. aviación   10. subsidio   11. compañía
12. internacional   13. bilateral

Ejercicio 3
1. h   2. f   3. c   4. g   5. a   6. e   7. d   8. b

Ejercicio 4
1. piloto   2. jet   3. jumbo   4. distancia   5. supersónico

Ejercicio 5
1. la meteorología   2. la cartografía   3. supersónico   4. la compañía   5. bilateral

Ejercicio 6
1. f   2. a   3. g   4. e   5. b   6. h   7. d   8. c

Ejercicio 7
1. jumbo   2. línea aérea, línea aérea   3. investigación   4. aviador (comandante)
5. ruta   6. supersónico   7. subsidio

Ejercicio 8
1. c   2. e   3. f   4. a   5. h   6. i   7. d   8. j   9. b   10. g

Ejercicio 9
1. motores   2. abastecerse de combustible   3. vuelo   4. formar   5. suben
6. despega, aterriza   7. escala   8. atravesar

Ejercicio 10
1. e   2. c   3. h   4. i   5. a   6. g   7. f   8. k   9. l   10. j   11. d   12. b

Ejercicio 11
1. acuerdos   2. derecho, vuelo   3. vuelo fijo, vuelo fletado (charter)   4. aumento
5. tarifa   6. competencia   7. fusiones   8. tarifa, fletado (charter), fijo
9. seguridad

CAPITULO 7: Carretera y ferrocarril

Ejercicio 2
1. automóvil   2. transporte   3. vehículos   4. campista   5. eléctricas, locomotoras
6. personal (privado)   7. línea aérea, línea aérea   8. trenes   9. subsidio   10. costo

Ejercicio 3
1. estricto   2. adicional   3. operacional   4. personal   5. compañía

Ejercicio 4
1. c   2. f   3. a   4. h   5. d   6. j   7. i   8. e   9. b   10. g

Ejercicio 5
1. atascada, embotellamientos   2. autopista   3. autopista, peaje   4. tramo
5. mantenimiento   6. conductor   7. motocicleta   8. caravanas

Ejercicio 6   *(Answers will vary.)*

Ejercicio 7
1. c   2. h   3. i   4. b   5. e   6. f   7. g   8. a   9. d

Ejercicio 8
1. c   2. e   3. a   4. b   5. f   6. d   7. g

Ejercicio 9
1. vía   2. vagones   3. enlaza (conecta)   4. salidas, llegadas
5. de alta (gran) velocidad (TGV)

Ejercicio 10
1. e   2. h   3. f   4. a   5. g   6. c   7. b   8. d

Ejercicio 11
1. levantan, tienda   2. controlador de tráfico aéreo; controlador
3. de largo recorrido   4. fletan   5. balnearios   6. baño termal   7. informática

Capítulo 8: Recreo organizado

Ejercicio 2
1. d   2. a   3. e   4. b   5. c

Ejercicio 3
1. culturales   2. actividades   3. descuento   4. estudiantil   5. restauración
6. club   7. personal   8. paraíso   9. grupo   10. locales

Ejercicio 4
1. estudiantil   2. cultural   3. la clientela   4. tropical   5. local

Ejercicio 5
1. d   2. e   3. b   4. h   5. c   6. g   7. f   8. a

Ejercicio 6
1. veraneo   2. albergues de juventud, alojamiento   3. alpinismo
4. tarjeta de identidad estudiantil   5. época del año   6. parque de atracciones

Ejercicio 7
1. f   2. e   3. g   4. b   5. a   6. c   7. h   8. d

Ejercicio 8
1. alquilar, compartir   2. alquilar, servidumbre   3. buceo, natación   4. club-aldea
5. da la bienvenida

Ejercicio 9
1. dar la bienvenida   2. la equitación   3. alquilar   4. la servidumbre
5. la natación

CAPITULO 9: Planificación turística

Ejercicio 2
1. internacional   2. balance   3. naturales   4. sector   5. agencia   6. programa
7. industrialización   8. promoción

Ejercicio 3
1. político   2. cultural   3. gubernamental   4. turístico   5. regional   6. social

Ejercicio 4
1. d   2. e   3. f   4. b   5. a   6. c

Ejercicio 5
1. c   2. e   3. h   4. a   5. g   6. j   7. i   8. d   9. f   10. b   11. k

Ejercicio 6
1. comportamiento   2. en vías de desarrollo   3. La crisis económica
4. a corto plazo   5. nivel de vida   6. desarrollo   7. fomentar   8. falta de espacio

Ejercicio 7
1. una crisis económica   2. fomentar   3. a corto plazo   4. la rentabilidad
5. el nivel de vida   6. la meta

Ejercicio 8
1. d   2. f   3. g   4. n   5. l   6. i   7. a   8. b   9. m   10. h   11. c   12. k
13. j   14. e

Ejercicio 9
1. oficina de turismo; folletos, carteles   2. dispone   3. propaganda
4. tarifa, cobra, tarifa   5. investigación   6. entretenimiento   7. congreso
8. horario

CAPITULO 10: Marketing del turismo

Ejercicio 2
1. segmentación   2. marketing   3. necesarios   4. motivo   5. origen
6. culturales   7. actividades   8. características   9. publicitaria   10. información

Ejercicio 3
1. c   2. e   3. a   4. g   5. d   6. b   7. h   8. f

Ejercicio 4
1. la edad   2. el origen étnico   3. la política   4. la religión   5. la familia
6. la educación   7. el sexo

Ejercicio 5
1. la segmentación (el segmento)   2. los datos   3. el análisis   4. el cuestionario
5. gratuito   6. publicitario   7. las artes   8. la imagen

Ejercicio 6
1. e   2. k   3. h   4. b   5. g   6. l   7. c   8. i   9. a   10. j   11. f   12. d

Ejercicio 7
1. precio   2. cadena, cadena   3. carreras, carreras   4. al corriente   5. aficionada
6. modo, ingresos   7. parque de atracciones   8. Cámara de Comercio   9. crucero
10. costumbre

CAPITULO 11: Pasado y futuro

Ejercicio 2
1. el correligionario   2. la cámara   3. la necesidad   4. el residente   5. la población
6. el museo   7. modesto   8. el safari

Ejercicio 3
1. turismo   2. especial   3. educación   4. mutua   5. tour

Ejercicio 4
1. monumento   2. flash   3. remoto   4. frecuentado   5. símbolo   6. miseria
7. pirámides

Ejercicio 5
1. c   2. e   3. a   4. f   5. h   6. g   7. d   8. b

Ejercicio 6
1. atraen, naturaleza   2. experimentado   3. un viaje «alrededor del mundo»
4. de ida y vuelta (regreso)   5. alojamiento   6. fletar

Ejercicio 7
1. b   2. e   3. g   4. a   5. h   6. d   7. f   8. c

Ejercicio 8
1. baños; baños   2. juego   3. placer   4. anfitrión, huésped   5. pobreza
6. espectáculo   7. comodidades

HOSTELERIA

CAPITULO 12: Hostelería

Ejercicio 2
1. balance   2. industria   3. centro   4. hotel   5. marketing   6. guía   7. modestos

Ejercicio 3
1. c   2. e   3. f   4. d   5. a   6. g   7. b

Ejercicio 4
1. el aeropuerto   2. restaurante   3. cafeterías   4. los clientes   5. categorías
6. camping

Ejercicio 5
1. f   2. a   3. b   4. j   5. e   6. g   7. d   8. c   9. i   10. h

Ejercicio 6
1. la finca (la granja)   2. de paso (de tránsito)   3. el alimento   4. ubicado
5. el lugar

Ejercicio 7
1. ubicados   2. cadena de hoteles, cadena   3. paso (tránsito)
4. una fonda, un mesón, una posada   5. albergue

Ejercicio 8
1. g   2. e   3. j   4. a   5. c   6. l   7. i   8. b   9. f   10. d   11. h   12. k

Ejercicio 9
1. casa particular, habitación   2. ingresos modestos   3. estrellas   4. a corto plazo
5. camas   6. la piscina (la alberca)   7. tienda, campamento   8. caravana

Ejercicio 10

Director General
Director Comercial   Director Administración/Finanzas
Director Alojamiento   Director Servicio Comidas/Bebidas
Jefe de Recepción   Jefe de Conserjería   Ama de llaves   Jefe Mantenimiento
Responsable Banquetes   Servicios Alimenticios (Controlador)
Jefe de Cocina   Maître d'Hotel Restaurante   Jefe de Cafetería   Barman Jefe
Maître d'Hotel Servicio habitaciones   Jefe de Almacén

Capitulo 13: Personal

Ejercicio 2
1. teléfono, télex, facsímil   2. recepcionista   3. reservación   4. personal
5. uniforme   6. áreas   7. registrarse

Ejercicio 3
1. b   2. g   3. d   4. f   5. a   6. h   7. e   8. c

Ejercicio 4
1. e   2. f   3. b   4. a   5. h   6. i   7. g   8. c   9. j   10. d

Ejercicio 5
1. tamaño mediano   2. cuenta; cuenta   3. proveedores   4. mantenimiento
5. seguridad   6. asegurarles

Ejercicio 6
1. el proveedor   2. la propiedad   3. reclutar   4. la facturación   5. el presupuesto

Ejercicio 7
1. e   2. h   3. a   4. j   5. f   6. l   7. i   8. d   9. c   10. m   11. o   12. n
13. g   14. b   15. k

Ejercicio 8
1. camarera   2. ama de llaves   3. El garajista   4. El botones, equipaje
5. lavandería   6. ascensor   7. la consigna   8. correo   9. la central telefónica
10. gerente nocturno   11. La lencería   12. jefe de recepción

Ejercicio 9
1. b   2. a   3. c   4. h   5. d   6. f   7. e   8. i   9. g

Ejercicio 10
1. la llave   2. la caja   3. la estadía   4. el limpiador   5. la ropa de cama

Ejercicio 11
1. llegada, salida, caja, cuenta   2. La ropa de cama   3. mensaje telefónico
4. estadía

CAPITULO 14: Reservaciones

Ejercicio 2
1. agente   2. número   3. tipo   4. control   5. alfabético   6. cronológico

Ejercicio 3
1. d   2. e   3. g   4. b   5. a   6. f   7. c

Ejercicio 4
1. cronológico   2. alfabético   3. simultáneamente   4. «no show»
5. «overbooking»   6. intermediario

Ejercicio 5
1. e   2. g   3. a   4. j   5. k   6. n   7. l   8. c   9. h   10. o   11. f   12. i
13. m   14. b   15. d

Ejercicio 6
1. d   2. f   3. b   4. e   5. a   6. c

Ejercicio 7
1. pedido, solicitud   2. cambio, un pedido de modificación   3. reservación, anular
4. tarjeta de crédito   5. el «overbooking» (la «sobreocupación»)
6. vacíos, disponibles, disponibles   7. ficha de reservación, archiva
8. fecha de llegada   9. enmendar, verificar   10. alojar

CAPITULO 15: Estadía del huésped

Ejercicio 2
1. el mini-bar   2. la duración   3. el pasaporte   4. la corrección   5. reemplazar
6. manualmente   7. la responsabilidad   8. prolongar

Ejercicio 3
1. tipo   2. puntos   3. computadorizado   4. método   5. final

Ejercicio 4
1. d   2. c   3. f   4. g   5. b   6. e   7. a

Ejercicio 5
1. h   2. j   3. d   4. a   5. e   6. k   7. b   8. m   9. f   10. c   11. g   12. i
13. l

Ejercicio 6
1. estadía   2. inscripción   3. impresión   4. mantener al día   5. contabilizar
6. plan de ocupación diaria   7. fuera de servicio   8. monto
9. impresión; el vale de la tarjeta de crédito   10. alquiler

Ejercicio 7
1. d   2. e   3. a   4. f   5. b   6. c

Ejercicio 8
1. m   2. a   3. h   4. f   5. k   6. j   7. o   8. c   9. n   10. e   11. b   12. l
13. d   14. i   15. g

Ejercicio 9
1. disponibilidad, libres   2. tamaño   3. aviso   4. matrimonial   5. turnos
6. trasladar   7. tarifa (del cuarto)   8. abandonar   9. El servicio de pisos
10. en blanco

Ejercicio 10
1. el tamaño   2. firmar   3. el W.C.   4. la cama matrimonial   5. en blanco
6. trasladar   7. la tarifa

Capitulo 16: Servicios alimenticios

Ejercicio 2
1. el bar   2. el barman   3. el maître d'hotel   4. independiente   5. el precio
6. frecuentar   7. la suma   8. aparte   9. el personal   10. amable

Ejercicio 3
1. calidad   2. floral   3. servicio   4. continental   5. menú   6. personal
7. presentación

Ejercicio 4
1. f   2. c   3. a   4. e   5. b   6. d

Ejercicio 5
1. d   2. f   3. a   4. i   5. h   6. c   7. j   8. e   9. b   10. g

Ejercicio 6
1. servicios alimenticios   2. jefe de cocina   3. cocinero
4. camarero (mesero), comidas   5. ayudante, camarero (mesero)   6. almacén
7. escanciador   8. bodega

Ejercicio 7
1. d   2. e   3. a   4. b   5. h   6. c   7. i   8. j   9. f   10. g

Ejercicio 8
1. los ingresos   2. el beneficio   3. la dirección   4. la meta   5. el sueldo
6. el congresista   7. la venta   8. las compras   9. hacerse cargo de
10. el trabajo de equipo

Ejercicio 9
1. g   2. e   3. c   4. b   5. a   6. d   7. f   8. h   9. i

Ejercicio 10
1. la vasija   2. los cubiertos   3. la vajilla   4. la iluminación   5. el ambiente
6. la pensión completa

Ejercicio 11
1. altivo   2. sabor   3. los cubiertos, la vasija, la vajilla   4. frescura

Capitulo 17: Los servicios a la clientela

Ejercicio 2
1. indicar   2. el automóvil   3. el garaje   4. indispensable   5. depositar
6. la clientela   7. una necesidad

Ejercicio 3
1. g   2. h   3. e   4. f   5. i   6. c   7. d   8. j   9. a   10. b   11. l   12. k

Ejercicio 4
1. El turno diurno, el turno nocturno   2. arregla   3. una lista de cotejo
4. manta (frazada)   5. almohada

Ejercicio 5
1. la lavandería   2. (el servicio de) quitamanchas   3. el planchado
4. la limpieza en seco   5. la limpieza de calzado

Ejercicio 6
1. d   2. m   3. q   4. c   5. l   6. j   7. g   8. o   9. a   10. f   11. p   12. i
13. n   14. b   15. k   16. e   17. h

Ejercicio 7
1. la renta   2. la lucecita   3. el ascensor   4. el mozo (el botones)   5. el recado
6. el letrero   7. el equipaje   8. satisfecho

Ejercicio 8
1. la entrada al teatro   2. el maletero (el mozo, el botones)   3. la renta   4. la ficha
5. el ascensor   6. el rótulo (el letrero)   7. la peluquería

Ejercicio 9
1. letrero (rótulo), camino, piscina (alberca)   2. servicio de despertador
3. lucecita, recado   4. correo, caja   5. consigna

CAPITULO 18: Seguridad

Ejercicio 2
1. sistema   2. metal   3. número   4. objetos   5. circuito   6. sistema
7. evacuación   8. emergencia   9. ataque   10. ataque

Ejercicio 3
1. robo, propiedad   2. discretamente   3. objetos de valor   4. rutinariamente
5. aire acondicionado   6. emergencia, plan

Ejercicio 4
1. e   2. h   3. a   4. j   5. i   6. d   7. f   8. g   9. b   10. c

Ejercicio 5
1. j   2. d   3. l   4. k   5. c   6. i   7. h   8. a   9. g   10. f   11. b   12. e

Ejercicio 6
1. el ladrón   2. el robo (el hurto)   3. la llave   4. la llave maestra   5. la tarjeta-llave

Ejercicio 7
1. seguridad, preocupación, hurtos, pérdidas   2. llavero   3. cerradura, cerrojo, cadena
4. idas y venidas

Ejercicio 8
1. i   2. j   3. l   4. a   5. b   6. g   7. c   8. d   9. n   10. m   11. e   12. h
13. f   14. k

Ejercicio 9
1. la persona sin hogar   2. las consignas   3. el incendio   4. el guarda
5. una persona indeseable   6. el extintor de incendios

Ejercicio 10
1. consignas   2. iluminación   3. guardas, patrullan (vigilan)   4. extintor de incendios
5. la caja fuerte   6. dirección   7. boca de incendios   8. vigilan

CAPITULO 19: Comunicaciones

Ejercicio 2
1. comunicación   2. automática   3. directa   4. conversación   5. telefónica
6. facsímil(e)   7. documento   8. télex   9. video

Ejercicio 3
1. d   2. b   3. c   4. e   5. a

Ejercicio 4
1. directa   2. documentos   3. contacto   4. número   5. comunicación

Ejercicio 5
1. f   2. b   3. h   4. c   5. j   6. e   7. k   8. m   9. l   10. d   11. i   12. a
13. g   14. n

Ejercicio 6
llamada; el emisor (el transmisor), el destinatario (el receptor) ocupada, emisor
(transmisor), la llamada automática

Ejercicio 7
1. contestador automático   2. ocupado   3. abona la factura   4. marcar (discar)
5. el discado abreviado   6. abonado   7. contestador automático, llamada   8. clave

Ejercicio 8
1. e   2. g   3. a   4. i   5. b   6. m   7. l   8. k   9. f   10. c   11. h   12. d
13. j

Ejercicio 9
1. el procesador de texto   2. el teclado   3. el botón de emisión
4. el impresor (la impresora)

Ejercicio 10
1. la microcomputadora   2. la tarifa   3. la red   4. el teclado
5. el botón de emisión

Ejercicio 11
procesador, impresor; botón, impresor, imprimir; impreso

CAPITULO 20: Contabilidad

Ejercicio 2
1. el deudor   2. el acreedor   3. el balance (el saldo)   4. corriente   5. el sector
6. analizar   7. complejo   8. a crédito

Ejercicio 3
1. c   2. f   3. e   4. i   5. b   6. h   7. l   8. d   9. m   10. a   11. j   12. g
13. k   14. n   15. o   16. p

Ejercicio 4
1. puntos de venta   2. factura   3. cuenta   4. contabilidad   5. competencia
6. revisar, saldo   7. liquidaciones   8. cierre   9. un informe; (libro de) diario

Ejercicio 5
1. c   2. d   3. e   4. b   5. f   6. a

CAPITULO 21: Marketing

Ejercicio 2
1. diferentes   2. puntos   3. punto   4. clientela   5. actual   6. potencial
7. exclusivas   8. material   9. apariencia   10. segmento   11. segmentación
12. actividades   13. calidad

Ejercicio 3
1. desventaja   2. ventaja   3. promocional   4. publicitario   5. grupo   6. exterior
7. capacidad

Ejercicio 4
1. e   2. g   3. i   4. b   5. f   6. j   7. c   8. h   9. d   10. a

Ejercicio 5
1. d   2. g   3. i   4. k   5. l   6. b   7. h   8. j   9. e   10. m   11. f   12. c
13. a

Ejercicio 6
1. pérdida de ingresos   2. beneficio   3. atraer, mercado   4. política   5. ubicación
6. oferta   7. tomar

Ejercicio 7
1. la oferta   2. la demanda   3. el beneficio   4. la ubicación (el posicionamiento)
5. el ambiente   6. la política   7. los ingresos

Ejercicio 8
1. h   2. d   3. e   4. a   5. b   6. g   7. f   8. i   9. c

Ejercicio 9
1. temporada   2. instalaciones   3. publicidad   4. congreso   5. reunión
6. cartel   7. panfleto

Ejercicio 10
1. la temporada   2. alquilar   3. el panfleto   4. la propaganda   5. a domicilio
6. el congreso   7. la reunión

SPANISH-ENGLISH VOCABULARY

A

a bordo on board
a corto plazo short-term
a crédito on credit
a largo plazo long-term
a mano by hand
abandonar el cuarto to vacate the room
abastecerse de combustible to refuel
abonado *m* subscriber
abonar la factura to pay the bill
academia *f* academy
académico *m* academician, academic
accesible accessible
acceso *m* access
accidente *m* accident
aceptable acceptable
acoger to welcome
acondicionado conditioned
aconsejable advisable
acreedor *m* creditor
acrobacia *f* acrobatics
actividad *f* activity
actividades culturales *f pl* cultural activities
actividades de promoción *f pl* promotional activities
actividades deportivas *f pl* sports activities
actividades políticas *f pl* political activities
actividades profesionales *f pl* professional activities
actual actual, present
acuático aquatic, water
acueducto *m* aqueduct
acueducto romano *m* Roman aqueduct
acuerdo *m* agreement, accord
acuerdo bilateral *m* bilateral agreement
acuerdo mutuo *m* mutual agreement

adelanto *m* advance
adicional additional
adoptar to adopt
adulto *m* adult
aéreo air, aerial
aeróbico aerobic
aerodeslizador *m* hovercraft
aeropuerto *m* airport
aeropuerto internacional *m* international airport
afectar to affect
afecto *m* affection
aficionado *m* fan
afroamericano Afro-American
agencia *f* agency
agencia de viajes *f* travel agency
agencia distribuidora *f* distribution agency
agencia federal *f* federal agency
agencia gubernamental *f* government agency
agenda *f* agenda
agente *m* or *f* agent
agente de viajes *m* or *f* travel agent
agente del gobierno *m* or *f* government agent
agradable pleasant
aire *m* air
aislado isolated
aislamiento *m* isolation
ajuste *m* adjustment
al aire libre outdoor
al corriente up-to-date, aware
al día up-to-date
al exterior abroad
al extranjero abroad
al mediodía at noon
alarma *f* alarm
alberca *f* swimming pool

albergue *m*   lodging, hostel, inn
albergue de juventud *m*   youth hostel
alemán   German
alfabético   alphabetical
alimento *m*   food
almacén *m*   storage bin, warehouse;
   department store
almacenar   to store
almacenista *m* or *f*   warehouse owner
almohada *f*   pillow
alojamiento *m*   lodging
alojar   to put up, lodge
alpinismo *m*   mountain climbing
alquilar   to rent
alquiler *m*   rent, renting, rental
alrededores *m pl*   surroundings, outskirts
altitud *f*   altitude
altivo   aloof, haughty
ama de llaves *f*   housekeeper
amable   nice, affable, friendly
ambiente *m*   ambiance, environment
ambiente exótico *m*   exotic
   environment
análisis *m*   analysis
analizar   to analyze
anclar   to anchor
anfiteatro *m*   amphitheater
anfitrión *m*   host
animal *m*   animal
animal raro *m*   rare animal
anotar   to note
anulación *f*   cancellation
anular   to cancel
anuncio *m*   announcement,
   advertisement
apagar   to extinguish
aparecer   to appear
apariencia *f*   appearance
apariencia exterior *f*   outer appearance
apartamento de lujo *m*   luxury suite
aparte   apart
apreciable   appreciable
apreciar   to appreciate
aprender de memoria   to learn by heart,
   memorize
aprobación *f*   approval, approbation
aprobar   to approve
apuntar   to note
árabe   Arabic

arancel *m*   tariff, duty
archivar   to file
archivo *m*   file
área   area
arma   arm, weapon
armado   armed
arqueología *f*   archaeology
arqueólogo *m*   archaeologist
arreglar   to straighten up, arrange
arreglo *m*   arrangement, settlement
arroyo *m*   brook
arte *m*   art
artes *f pl*   arts
artístico   artistic
ascensor *m*   elevator
ascensorista *m* or *f*   elevator operator
asegurar   to assure, insure
asiento *m*   seat
asignación *f*   assigning, assignment
asignación de los cuartos *f*   room
   assignment
asignar   to assign
asistir a   to attend
asociación *f*   association
asombrante   astonishing
aspecto *m*   aspect
atacar   to attack
ataque *m*   attack
ataque a mano armada *m*   armed attack
ataque de terroristas *m*   terrorist attack
atascado   jammed
atención *f*   attention
aterrizaje *m*   landing
aterrizar   to land
atracción *f*   attraction
atraer   to attract
atravesar   to cross
aumentar   to increase
aumento *m*   increase
ausencia *f*   absence
autobús *m*   bus
autobús de largo recorrido *m*   long-
   distance bus
autocar *m*   coach, bus, motor coach
automáticamente   automatically
automático   automatic
automóvil *m*   automobile
automovilista *m* or *f*   motorist
autopista *f*   thruway, expressway

autoridad *f*   authority
autoservicio *m*   self-service
avance *m*   advance
avanzar   to advance
aviación *f*   aviation
aviación civil *f*   civil aviation
aviación comercial *f*   commercial aviation
aviación internacional *f*   international
  aviation
aviador *m*   aviator
avión *m*   airplane, plane
avión de reacción a chorro *m*   jet plane
avión supersónico *m*   supersonic airplane
avisar   to notify
aviso *m*   notice
aviso previo *m*   advance notice
ayudante *m* or *f*   assistant
ayudante de camarero *m*   busboy
azteca   Aztec

B

baile *m*   dance
bajar   to go down
balance *m*   balance
balance comercial *m*   trade balance
balance de pagos *m*   balance of payments
balcón *m*   balcony
balneario *m*   beach resort
banquete *m*   banquet
bañarse   to bathe
baño *m*   bathroom
baño termal *m*   thermal spa
baños *m pl*   spa, baths
bar *m*   bar
barbacoa *f*   barbecue
barco *m*   boat, ship
barco de crucero *m*   cruise ship (liner)
barco de placer *m*   pleasure boat
barman *m*   bartender
base *f*   base, basis
batalla *f*   battle
bebida *f*   beverage, drink
bebida alcohólica *f*   alcoholic beverage
belleza *f*   beauty
beneficios *m pl*   profits
bilateral   bilateral
bimotor *m*   twin-engine plane
bloquear   to block
boca de incendios *f*   fire hydrant

bodega *f*   wine cellar
boletín *m*   bulletin
bolívar *m*   bolivar (currency of
  Venezuela)
bomba *f*   bomb
bosque *m*   forest
botón *m*   button
botón de emisión *m*   send key
botones *m*   bellhop
brújula *f*   compass
buceo *m*   scuba-diving, snorkeling
buenos modales *m pl*   good manners
buque de guerra *m*   warship

C

cabina telefónica *f*   telephone booth
cadena *f*   chain
cadena de hoteles *f*   hotel chain
cadena hotelera *f*   hotel chain
cafetería *f*   cafeteria
caja *f*   cashier's desk (counter); box; cash
  register
caja fuerte *f*   safe deposit box
caja negra *f*   black box
cajero *m*   cashier
calcular   to calculate
cálculo *m*   calculation
calefacción *f*   heating
calidad *f*   quality
cama *f*   bed
cama matrimonial *f*   double bed
cámara *f*   camera; room, chamber
Cámara de Comercio *f*   Chamber of
  Commerce
camarera *f*   waitress; chambermaid
camarero *m*   waiter
camarote *m*   cabin (of a ship)
cambiar   to change
cambio *m*   change
cambio de vías *m*   switching, switch
camino *m*   way, road
camión *m*   truck
campamento *m*   camp
campaña *f*   campaign
campaña publicitaria *f*   publicity
  campaign
camping *m*   camping
campista *m* or *f*   camper
canal *m*   canal

cancha de tenis *f*   tennis court
candelabro *m*   candelabra
cantidad *f*   quantity
capacidad *f*   capacity, ability
capturar   to capture
característica *f*   characteristic
características personales *f pl*   personal characteristics
caracterizar   to characterize
caravana *f*   trailer
cargo *m*   charge
carrera *f*   race
carrera ciclista *f*   bicycle race (racing)
carrera de automóviles *f*   car race (racing)
carrera de caballos *f*   horse race (racing)
carretera *f*   highway
carril *m*   track, lane
carro *m*   car
carro personal *m*   personal car
cartel *m*   poster
cartografía *f*   cartography, mapmaking
casa particular *f*   private house
casino *m*   casino
caso *m*   case
castillo *m*   castle
castillo medieval *m*   medieval castle
catalizador *m*   catalyst
catedral *f*   cathedral
catedral gótica *f*   Gothic cathedral
categoría *f*   category
católico   Catholic
cenar   to have dinner, dine
central telefónica *f*   switchboard
centralita *f*   switchboard
centro *m*   center
centro urbano *m*   urban center
cerradura *f*   lock
cerradura de seguridad *f*   safety lock
cerrojo *m*   bolt
cierre *m*   closing, close out (of an account)
cifra comercial del día *f*   daily turnover figure
circo *m*   circus
circular   circular, round
circular   to circulate
circunferencia *f*   circumference
ciudadano *m*   citizen

civil   civil
clasificar   to classify
clave *f*   key, code
clave de área *f*   area code
cliente *m* or *f*   client, customer
cliente actual *m* or *f*   actual (present) client (customer)
cliente hospedado *m* or *f*   registered (checked-in) client (customer)
cliente potencial *m* or *f*   potential client (customer)
clientela *f*   clientele
clima *m*   climate
club *m*   club
club-aldea *m*   club village
club de vacaciones *m*   vacation club
cobrar   to charge
coche *m*   car
coche cama *m*   sleeper, sleeping car
coche particular *m*   private car
cocina *f*   kitchen
cocinar   to cook
cocinero *m*   cook
cóctel *m*   cocktail
colaborar   to collaborate
colina *f*   hill
color *m*   color
comandante *m*   commander
comercial   commercial
comercio internacional *m*   international trade
comida *f*   food
comodidad *f*   comfort
compañía *f*   company
compañía de autobuses *f*   bus company
compañía de cruceros *f*   cruise company
compañía privada *f*   private company
compartir   to share
competencia *f*   competence; competition
competir   to compete
complejo   complex
completar   to complete
complicado   complicated
comportamiento *m*   behavior
compras *f pl*   purchases
comprensión *f*   comprehension
computadora *f*   computer
computadorizado   computerized
comunicación *f*   communication

comunicar   to communicate
comunidad *f*   community
Comunidad Económica Europea *f*
    European Economic Community (EEC)
con anticipación   in advance
con destino a   bound for, going to
con regularidad   regularly
con rumbo a   bound for, headed for
concesión *f*   concession
concierto *m*   concert
concierto de jazz *m*   jazz concert
conciliación *f*   reconciliation (of an
    account)
conciliar   to reconcile
concordar   to agree
concurso *m*   contest
condición *f*   condition
condominio *m*   condominium
conductor *m*   driver
conectar   to connect
conexión *f*   connection
conferencia *f*   speech, lecture
confirmación *f*   confirmation
confirmar   to confirm
conflicto *m*   conflict
conflicto armado *m*   armed conflict
confrontar   to confront
congresista *m* or *f*   conventioneer
congreso *m*   convention
conjunto *m*   combination, set
conocimiento *m*   knowledge
conserje *m*   concierge
consigna *f*   checkroom
consignas *f pl*   instructions
consistir en   to consist of, be composed of
construcción *f*   construction
construir   to construct
cónsul *m*   consul
consultar   to consult
consumición *f*   drink
consumidor *m*   consumer
consumir   to consume
consumo *m*   consumption
contabilidad *f*   accounting
contabilidad hotelera *f*   hotel accounting
contabilizar   to settle, balance (an
    account)
contable   pertaining to accounting,
    countable, computable

contacto *m*   contact
contestador automático *m*   answering
    machine
contestar   to answer
continental   continental
continente *m*   continent
contrato *m*   contract
contribuir   to contribute
control *m*   control
control de reservaciones *m*   reservations
    control
controlador de tráfico aéreo *m*   air traffic
    controller
controlar   to control
conversación *f*   conversation
conversación entre tres *f*   three-way
    conversation
convertir   to convert, change
coordinación *f*   coordination
coordinador *m*   coordinator
coordinar   to coordinate
copa *f*   cup, drink, glass
corrección *f*   correction
correcto   correct
corregir   to correct
correligionario *m*   coreligionist
correo *m*   mail
correspondencia precio / calidad *f*
    price/quality ratio
corriente *f*   current
corte de línea *m*   disconnect, cutoff
    (telephone line)
corte de pelo *m*   haircut
cortés   courteous
costar   to cost
costo *m*   cost
costo adicional *m*   additional cost
costo operacional *m*   operational cost
costo reducido *m*   reduced cost
costumbre *f*   custom
crecimiento *m*   growth
crédito *m*   credit
crisis *f*   crisis
crisis económica *f*   depression
criterio *m*   criteria
cronológico   chronological
crucero *m*   cruise, cruise ship
cruzar   to cross
cualidad *f*   quality

cuarto *m*   room
cuarto de baño *m*   bathroom
cubierta *f*   deck (of a ship)
cubiertos *m pl*   silverware, cutlery
cuchara *f*   tablespoon
cucharita *f*   teaspoon
cuchillo *m*   knife
cuenta *f*   account; bill
cuenta final *f*   final bill
cuestionario *m*   questionnaire
cuidado *m*   care
cuidadoso   careful
cultura *f*   culture
cultural   cultural
cuota *f*   quota

CH

champú *m*   shampoo
chatarra *f*   scrap metal (iron)

D

dar la bienvenida   to welcome
datos *m pl*   data, information
datos necesarios *m pl*   necessary data
de alta velocidad   high speed, very fast
de facto   de facto, actual, real
de ida y vuelta (regreso)   round trip
de ingresos modestos   of modest income
de jure   de jure, by right, by lawful title, by law
de medios modestos   of modest means
de nuevo   again
de paso   on the way, in transit
de tamaño mediano   medium size
de tránsito   in transit
de vía estrecha   narrow gauge track
debe *m*   debit
deber *m*   duty, obligation
deber   to owe
débito *m*   debit
decisión *f*   decision
decoración *f*   decoration
decoración floral *f*   floral decoration
decorado *m*   decoration, decor
decorar   to decorate
deducir   to deduct
déficit *m*   deficit
definición *f*   definition

dejar   to leave
demanda *f*   demand
demandar   to demand, request
demócrata   democratic
demográfico   demographic
departamento *m*   department
deportes acuáticos *m pl*   water sports
deportes de verano *m pl*   summer sports
depositar   to deposit
depósito *m*   deposit
derecho *m*   right, law
derecho internacional *m*   international law
desacuerdo *m*   disagreement
desagradable   unpleasant
desalojamiento *m*   dislodging
desaparecer   to disappear
desaparición *f*   disappearance
desarrollar   to develop
desarrollo *m*   development
desayuno *m*   breakfast
desayuno continental *m*   continental breakfast
desconectar   to disconnect
desconexión *f*   disconnection, disconnect
describir   to describe
descripción *f*   description
descuento *m*   discount
descuento estudiantil *m*   student discount
desglosar   to break out, break down
desierto *m*   desert
despachar   to sell, issue, dispatch
despacho *m*   dispatch, selling, issuance
despegar   to take off
despegue *m*   takeoff
desplazarse   to go from one place to another, displace, move
desreglamentación *f*   deregulation
destinatario *m*   addressee
destino *m*   destiny
desventaja *f*   disadvantage
detallado   detailed
detalle *m*   detail
detallista *m*   retailer
detección *f*   detection
detectar   to detect
deudor *m*   debtor
devolver   to return

diamante *m*   diamond
diario *m*   daily ledger
diferenciar   to differentiate
diferente   different
difícil   difficult
dificultar   to make difficult
digno   worthy
dinero *m*   money
diplomático   diplomatic
dirección *f*   direction; management; address
dirección del personal *f*   personnel
    management
directo   direct
director *m*   director, manager
dirigible *m*   dirigible, airship
dirigir   to direct, manage
discado abreviado *m*   quick dial(ing),
    speed calling
discar   to dial (a number)
discoteca *f*   discotheque
discrepancia *f*   discrepancy
discretamente   discretely
disfrutar de   to enjoy
disminuir   to decrease, diminish
disponer   to have available
disponibilidad *f*   availability
disponible   available
disposición *f*   disposition
distancia *f*   distance
distinto   different
distribución *f*   distribution
distribuidor   distributive
distribuidor *m*   distributor
distribuir   to distribute
diversificación *f*   diversification
diversificar   to diversify
diversión *f*   pastime
dividir   to divide
divisa *f*   foreign currency
división *f*   division
documento *m*   document
documento escrito *m*   written document
domicilio *m*   home, domicile
domicilio habitual *m*   permanent home
dueño *m*   owner
duplicación *f*   duplication
duplicar   to duplicate
duración *f*   duration
durar   to last, take time

E

echar anclas   to anchor
ecología *f*   ecology
ecológico   ecological
economía *f*   economy
económico   economical
ecuador *m*   equator
ecuatorial   equatorial
edad *f*   age
educación *f*   education
educar   to educate
efectuarse   to take place, occur
eficiencia *f*   efficiency
egreso *m*   expenditure, expense
ejercicios aeróbicos *m pl*   aerobic
    exercises
ejercicios contra incendios *m pl*   fire
    drills
eléctrico   electrical
electrónica *f*   electronics
electrónico   electronic
elemento *m*   element
embajada *f*   embassy
embarcación *f*   embarkation, vessel
embarcar   to embark
emblema *m*   emblem
embotellamiento *m*   traffic jam
emergencia *f*   emergency
emisor *m*   sender, issuer
emitir   to issue
emplazamiento *m*   location, positioning
emplear   to use
empresa *f*   enterprise
en alta mar   on the high seas
en apuros   in danger, in need
en blanco   blank
en circuito cerrado   closed circuit
en peligro   in danger
en seguida   immediately
en vías de desarrollo   developing
encargarse de   to take charge of
encarnizado   fierce
encendido   lit
encuesta *f*   survey
enlace *m*   link, connection
enlazar   to connect
enmendar   to correct, revise
enmienda *f*   correction
enorme   enormous

entrada *f* entry, ticket
entrada al teatro *f* theater ticket
entregar to hand over
entretenimiento *m* entertainment
enviar to send
época *f* epoch, era
época del año *f* time of the year
equilibrar to balance
equipaje *m* baggage
equipo *m* equipment
equitación *f* horseback riding
error *m* error
escala *f* intermediate stop
escalera *f* staircase, stairway
escalera de emergencia *f* emergency
  staircase (stairway)
escanciador *m* sommelier, wine steward
escuela elemental (primaria) *f*
  elementary school
escuela secundaria *f* high school
esencial essential
esférico spherical
esmeralda *f* emerald
especial special
especializado specialized
específicamente specifically
espectacular spectacular
espectáculo *m* show
esquí *m* ski
esquí acuático *m* water skiing
esquiar to ski
establecer to establish
establecimiento *m* establishment
estación *f* season; station
estación de ferrocarril *m* railroad station
estacionar to park
estadía *f* stay, sojourn
estadio *m* stadium
estadística *f* statistics
estancia *f* stay, sojourn
estar de acuerdo to agree
estéreotipo *m* stereotype
estrategia *f* strategy
estrella *f* star (for rating)
estricto strict
estructura *f* structure
estudiantil pertaining to students
étnico ethnic
europeo European

evacuación *f* evacuation
evacuar to evacuate, vacate
evento *m* event
evitar to avoid
exclusivo exclusive
excursión *f* excursion, tour
excursión de fin de semana *f* weekend
  excursion (trip)
excursión de «paquete» *f* "package" tour
exigencia *f* demand, requirement
existencia *f* existence
existir to exist
experiencia *f* experience
experimentado experienced
experto *m* expert
exportación *f* exportation, exporting
exportar to export
exposición *f* exposition, exhibition, show,
  exhibit
exposición de arte *f* art exhibit (show)
extensión *f* extension
exterior exterior
extintor de incendios *m* fire extinguisher
extranjero *m* foreigner

F

fácil easy
facsímil, facsímile *m* fax
factura *f* bill
facturación *f* billing
facturación automática *f* automatic
  billing
facturar to bill
falta de espacio *f* lack of space
familia *f* family
fase *f* phase
fauna *f* fauna
fecha *f* date
fecha de llegada *f* arrival date
fecha de salida *f* departure date
federal federal
femenino feminine
fenómeno *m* phenomenon
ferrocarril *m* railroad
ficha *f* slip, card (filing)
ficha de ingreso *f* registration card
ficha de reservación *f* reservation slip
fichero *m* file, record
fijar to set, establish; to post

fin de semana *m*   weekend
final   final
financiero   financial
finca *f*   farm
firmar   to sign
físico   physical
flash *m*   flash
fletar   to charter
floral   floral
flota *f*   fleet
flotante   floating
folleto *m*   brochure
fomentar   to promote
fonda *f*   inn, eatery, tavern
fondos *m pl*   funds
forma *f*   form
formación necesaria *f*   necessary training
formar   to train
foto *f*   photo
fotografía *f*   photograph
fraternal   fraternal
frazada *f*   blanket
frecuencia *f*   frequency
frecuentado   frequented
frecuentar   to frequent
frecuente   frequent
frescura *f*   freshness
frontera *f*   border, frontier
fuera de servicio   out of service, out of order
fumar   to smoke
función *f*   function
funcionamiento *m*   functioning
funcionar   to function
funda *f*   pillowcase
fusión *f*   merger

G

gabarra *f*   barge
galeón *m*   galleon
galera *f*   galley
ganar   to earn
garaje *m*   garage
garajista *m*   parking (garage) attendant
garantía *f*   guarantee
garantizar   to guarantee
gasolinera *f*   gasoline station
gasto *m*   expense
general   general

geografía *f*   geography
geográfico   geographical
gerente nocturno *m*   night manager
gestión *f*   business, management
gigantesco   gigantic
gimnasia *f*   gymnastics
gimnasio *m*   gymnasium
gobierno *m*   government
grado *m*   grade, degree
grado de industrialización *m*   degree of industrialization
gráficas *f pl*   graphics
gran distancia *f*   long (great) distance
granja *f*   farm
gratuito   gratuitous, free
gravar   to levy a tax
grupo *m*   group
guarda *m*   guard
guardar   to keep
gubernamental   governmental
guía *f*   guide
guía de hoteles *f*   hotel guide

H

haber *m*   credit
habitación *f*   room
habitual   habitual
hacer cara a   to face, confront
hacer escala   to stop over, make a stop
hacer un crucero   to take a cruise
hacerse cargo de   to take charge of
hemisferio *m*   hemisphere
hielo *m*   ice
higiene *f*   hygiene, cleanliness
hijos *m pl*   children
hispano   Hispanic
historia *f*   history
histórico   historical
hora de salida *f*   departure time
horario *m*   schedule, timetable
horario fijo *m*   fixed schedule (timetable)
hostal *m*   lodging, hostel
hostigar   to harass
hotel *m*   hotel
hotel de lujo *m*   luxury hotel
hotel de tránsito *m*   roadside hotel
hotel flotante *m*   floating hotel
hotel turístico *m*   tourist hotel
hotelero *m*   hotelkeeper

hotelero pertaining to a hotel
huésped *m* or *f* guest
huevo *m* egg
hurto *m* theft, larceny
huso horario *m* time zone

I

idas y venidas *f pl* comings and goings
idea *f* idea
identidad estudiantil *f* student identification
identificación *f* identification
identificar to identify
ilegítimo illegitimate
iluminación *f* lighting
imagen *f* image
imitar to imitate
impacto *m* impact
imponer to impose
importación *f* importation, importing
importancia *f* importance
importar to import; to be important
imposición *f* imposition
imprescindible indispensable
impresión *f* imprint
impreso printed
impresor *m* printer
imprimir to print
impuesto *m* tax
incendio *m* fire
incluir to include
incremento *m* increment
independiente independent
indicar to indicate
indígena indigenous, native
indispensable indispensable
individualizado individualized
industria *f* industry
industria de la aviación *f* aviation industry
industria del turismo *f* tourist industry
industria hotelera *f* hotel industry
industrialización *f* industrialization
influencia *f* influence
influenciar to influence
información *f* information
información gratuita *f* free information
informática *f* computer science (programming)

informe *m* report
infracción *f* infraction, offense
ingreso *m* income
iniciar to initiate, begin
injusticia *f* injustice
inscripción *f* registration
insignia *f* insignia, badge
inspeccionar to inspect
instalación *f* installation, facility, plant, fittings
instalar to install
intelectual intellectual
interacción *f* interaction
intercambio *m* exchange
intercontinental intercontinental
interés *m* interest
interés cultural *m* cultural interest
interés nacional *m* national interest
interesar to interest
interior interior
intermediario *m* intermediary
internacional international
intervención *f* intervention, tapping (telephone)
intervenir to intervene, interfere, tap
inti *m* inti (monetary unit of Peru)
introducción *f* introduction
invención *f* invention
inventar to invent
inventario *m* inventory
inventor *m* inventor
invernal wintry, pertaining to winter
investigación *f* investigation, research
investigar to investigate
ir de camping to go camping
ir y venir *m* coming and going
irrecuperable irrecoverable

J

jardín zoológico *m* zoo
jardinería *f* gardening
jazz *m* jazz
jefe *m* head, boss, manager
jefe de cocina *m* head chef
jefe de recepción *m* front desk manager
jet *m* jet plane
jogging *m* jogging
joven *m* or *f* youth
joya *f* jewel

judío Jewish
juego *m*   game; gambling
juego de naipes *m*   card game
juegos de azar *m pl*   games of chance
jugar   to play; to gamble
jugar un papel   to play a role
jugo de naranja *m*   orange juice
jumbo *m*   jumbo jet
juzgar   to judge

K

kilómetro *m*   kilometer

L

ladrón *m*   thief
lago *m*   lake
lámpara *f*   lamp
lancha *f*   launch
latitud *f*   latitude
lavandería *f*   laundry
lavaplatos *m*   dishwasher
lavar   to wash
legalidad *f*   legality
legítimo   legitimate
lencería *f*   linens
letrero *m*   sign
levantar una tienda   to pitch a tent
libre   free, unoccupied
libro de diario *m*   daily ledger
limitar   to limit
límite *m*   limit
limpiador *m*   cleaner
limpiar   to clean
limpieza *f*   cleanliness, cleaning
limpieza de calzado *f*   shoe shining
limpieza en seco *f*   dry cleaning
línea *f*   line
línea aérea *f*   airline
liquidación de cuenta *f*   settlement (of an
  account)
lista *f*   list
lista de cotejo *f*   check list
litera *f*   bed, berth, bunk (on a train, boat)
local   local
locomotora *f*   locomotive
longitud *f*   longitude
lucecita *f*   small light
lugar *m*   place, location
lugar arqueológico *m*   archaeological site

lugar de descanso *m*   place of rest
lujo *m*   luxury
lujoso   luxurious
lustrar   to polish
luz *f*   light

LL

llamada *f*   call
llamada automática *f*   automatic recall
  (call back)
llamada directa *f*   direct call
llamada telefónica *f*   telephone call
llave *f*   key
llave de metal *f*   metal key
llave maestra *f*   master key
llavero *m*   key ring
llegada *f*   arrival
llenar   to fill out
lleno   full
llevar a cabo   to carry out

M

maître d'hotel *m*   maitre d', head waiter
malcriado   ill-bred
maleta *f*   suitcase
maletero *m*   porter, bellhop
mancha *f*   stain
manta *f*   blanket
mantel *m*   tablecloth
mantener   to maintain
mantener al corriente   to keep up to date
mantener al día   to keep up to date
mantenimiento *m*   maintenance
manualmente   manually
mapa *m*   map
máquina de escribir *f*   typewriter
máquina de télex *f*   telex machine
mar *m*   sea
marcar   to dial (a number)
marcharse   to leave
marketing *m*   marketing
masculino   masculine
material *m*   material
material promocional *m*   promotional
  material
material publicitario *m*   advertising
  material
maya   Mayan
mayorista *m*   wholesaler

medieval medieval
medio de comunicación *m*   means of
  communication
medio de transporte *m*   means of
  transportation
mediodía *m*   noon, midday
medir   to measure
memoria *f*   memory
memorizar   to memorize
mensaje *m*   message
mensaje de paciencia *m*   hold (message)
  call
mensaje telefónico *m*   telephone message
menú *m*   menu
menú fijo *m*   fixed menu
mercado *m*   market
mercado internacional *m*   international
  market
mesero *m*   waiter
mesón *m*   inn, eatery, tavern
meta *f*   goal
metal *m*   metal
meteorología *f*   meteorology
meteorológico meteorological
método *m*   method
método de pago *m*   method of payment
microcomputadora *f*   microcomputer
militar military
mini-bar *m*   minibar
ministerio *m*   ministry
miseria *f*   misery
modales *m pl*   manners
modesto modest
modificación *f*   change, modification
modificar   to change
modo de transporte *m*   means of
  transportation
modo de vida *m*   life-style
monomotor *m*   single-engine airplane
monoriel *m*   monorail
montaña *f*   mountain
montaña rusa *f*   roller coaster
montar a caballo   to ride a horse
monto *m*   total, amount
monumental monumental
monumento *m*   monument
monumento histórico *m*   historical
  monument
motel *m*   motel

motivar   to motivate
motivo *m*   motive, reason
motivo personal *m*   personal motive,
  reason
motocicleta *f*   motorcycle
motor *m*   motor
motor de reacción a chorro *m*   jet engine
mozo *m*   bellhop
muelle *m*   pier
multilingüe multilingual
múltiple multiple
mundo *m*   world
mundo de negocios *m*   business world
municipal municipal
museo *m*   museum
músico *m*   musician
musulmán Moslem
mutuo mutual

N

nación *f*   nation
nacional national
nacionalidad *f*   nationality
natación *f*   swimming
natural natural
naturaleza *f*   nature
navegación *f*   navigation
navegante *m*   navigator
navegar   to navigate
necesario necessary
necesidad *f*   necessity
negarse a   to refuse
negociación *f*   negotiation
negociar   to negotiate
nivel de educación *m*   education level
nivel de vida *m*   standard of living
nivel del mar *m*   sea level
noción *f*   notion
nombre *m*   name
nuclear nuclear
número *m*   number
número de facsímil(e) *m*   fax number
número de la habitación (del cuarto) *m*
  room number
numeroso numerous

O

objetivo *m*   objective
objeto *m*   object

objetos de valor *m pl*   valuables, valuable objects
observación *f*   observation
observar   to observe
obtener   to obtain
océano *m*   ocean
ocupación *f*   occupation
ocupado   occupied, busy
oferta y demanda *f*   supply and demand
oficina de turismo *f*   tourist office
oficina nacional de turismo *f*   national tourist office
opción *f*   option
operación *f*   operation
operacional   operational
operaciones comerciales del día *f pl*   daily business transactions
operador *m*   operator
operador de tours *m*   tour operator
operar   to operate
opinión *f*   opinion
oportunidad *f*   opportunity
oprimir   to press
optar   to opt
oral   oral
organismo *m*   organism
organización *f*   organization
organizar   to organize
orientación *f*   orientation
orientarse   to orient oneself
origen *m*   origin
origen étnico *m*   ethnic origin

P

pacificar   to appease, pacify
pagar   to pay
pago *m*   payment
país *m*   country
país del tercer mundo *m*   third-world country
panfleto *m*   pamphlet
pantalla *f*   screen
paquete *m*   package
parador *m*   hotel, inn
paraíso *m*   paradise
parcial   partial
pared *f*   wall
parientes *m pl*   relatives
parque *m*   park

parque de atracciones *m*   amusement park
parte *f*   party (person)
partida *f*   entry
pasajero *m*   passenger
pasaporte *m*   passport
pasillo *m*   hallway
patinaje *m*   skating
patinaje sobre hielo *m*   ice skating
patinaje sobre ruedas *m*   roller skating
patrullar   to patrol
peaje *m*   toll
pedido *m*   request
pedido de anulación *m*   cancellation request
pedido de modificación *m*   change request
pedido de reservación *m*   reservation request
peligroso   dangerous
peluquería *f*   hairdresser's, hair salon
pensión *f*   pension, boardinghouse
pensión completa *f*   American plan, full room and board
pérdida *f*   loss
pérdida de ingresos *f*   loss of revenue
pérdida irrecuperable *f*   irrecoverable loss
perfección *f*   perfection
perfeccionar   to perfect
perla *f*   pearl
personal *m*   personnel
personal   personal
personal diestro *m*   trained personnel
personas de negocios *f pl*   business people
personas indeseables *f pl*   undesirables
personas sin hogar *f pl*   homeless (people)
pertenecer   to belong
pesado   heavy
peso *m*   peso (currency of several Latin American countries)
pico *m*   peak
pictograma *m*   drawing, picture, diagram
piloto *m*   pilot
pirámide *f*   pyramid
piscina *f*   swimming pool
placentero   pleasant, enjoyable

placer *m*   pleasure
plan *m*   plan
plan de evacuación *m*   evacuation plan
plan de ocupación diaria *m*   room rack
plan de reservaciones *m*   reservation board (plan)
plancha de vela *f*   wind surfing
planchado *m*   ironing
planchar   to iron
planeta *m*   planet
planificación *f*   planning
platillo *m*   small plate, saucer
plato *m*   plate, dish
población *f*   population
poblar   to populate
pobreza *f*   poverty
polaco   Polish
polar   polar
policía *f*   police
política *f*   policy; politics
política nacional *f*   national policy
política de precio *f*   pricing policy
político   political
polo *m*   pole
poner al día   to update
por orden alfabético   in alphabetical order
por orden cronológico   in chronological order
portero *m*   doorkeeper
posada *f*   inn, eatery, tavern
posibilidad *f*   possibility
posibilidades diferentes *f pl*   different possibilities
posicionamiento *m*   positioning
potencial *m*   potential
potencial   potential
práctica *f*   practice
precio *m*   price
precio de desnatación *m*   price skimming
precio de penetración *m*   penetration pricing
precio fijo *m*   fixed price
precio justo *m*   fair price
precio módico *m*   modest price
preferencia *f*   preference
preocupación *f*   worry, concern
preocuparse   to worry
preparar   to prepare

presencia *f*   presence
presentación *f*   presentation
presentar   to present
presupuesto *m*   budget
prevención *f*   prevention
prevenir   to prevent
primitivo   primitive
principios de marketing *m pl*   marketing principles
privado   private
privilegio *m*   privilege
procesador de texto *m*   word processor
producción *f*   production
producto *m*   product
productos alimenticios *m pl*   food and beverage products
profesión *f*   profession
profesional   professional
profundo   profound
programa *m*   program
programa de investigación *m*   research program
programado   programmed
progreso *m*   progress
prolongar   to prolong
promoción *f*   promotion
promover   to promote
pronosticar   to forecast
propaganda *f*   advertising
propaganda por correo *f*   direct mail advertising
propiedad *f*   property
propietario *m*   owner
propulsión *f*   propulsion
propulsión nuclear *f*   nuclear propulsion
prostituta *f*   prostitute
protección *f*   protection
protección mutua *f*   mutual protection
proteger   to protect
protestante   Protestant
proveedor *m*   supplier
proveer   to provide
provisión *f*   provision
proximidad *f*   proximity
proyecto de restauración *m*   restoration project
psicológico   psychological
psicólogo *m*   psychologist
publicar   to publish

publicidad *f*   advertising
publicitario   advertising, publicity
público *m*   public
público   public
puerta de salida *f*   departure gate
puerto *m*   port
punto *m*   point
punto débil *m*   weak point
punto fuerte *m*   strong point
puntos de interés *m pl*   points of interest
puntos de venta *m pl*   points of sale
puntualidad *f*   punctuality

Q

quedarse   to stay, remain
quetzal *m*   quetzal (currency of Guatemala)
quitamanchas *m*   stain removal (removing)
quitar   to remove

R

raro   rare
razonable   reasonable
realizar un beneficio   to make a profit
recado *m*   message
recaudar   to collect, bring in
recepción *f*   reception, reception desk, front desk
recepcionista *m* or *f*   receptionist, desk clerk
receptor *m*   receiver
rechazar   to reject
recibir   to receive
reciente   recent
recinto *m*   area, grounds, precinct
recíproco   reciprocal
reclutar   to recruit
recoger   to collect
reconocer   to recognize
reconocimiento *m*   recognition
reconocimiento de facto *m*   de facto recognition
reconocimiento diplomático *m*   diplomatic recognition
reconocimiento diplomático recíproco *m*   reciprocal diplomatic recognition
recorrido *m*   trip, run, journey
recreo *m*   recreation
recuperar   to recover, recuperate

recursos disponibles *m pl*   available resources
recursos naturales *m pl*   natural resources
red *f*   network
red de ferrocarriles *m*   railroad system
red de telecomunicaciones *f*   telecommunications network
red telefónica *f*   telephone network
reducción *f*   reduction
reducido   reduced
reducir   to reduce
reemplazar   to replace
reforzar   to reinforce
refrigeración *f*   refrigeration
región *f*   region
regional   regional
registrar   to register
registro *m*   register
registro de los huéspedes *m*   guest register
reglamentación *f*   regulation
reglamento *m*   rule, regulation
reglar   to rule, regulate
regular   to regulate, rule
regularidad *f*   regularity
relación *f*   relation
relación calidad/precio *f*   price/quality ratio
religión *f*   religion
remisión automática *f*   call forwarding
remo *m*   oar
remoto   remote
rendir   to yield
renovado   renovated
renta *f*   income
rentabilidad *f*   profitability
reparación *f*   repair
repartir   to share, apportion
representante *m* or *f*   representative
representar   to represent
republicano   republican
requerir   to require
requisito *m*   requirement
reservación *f*   reservation
reservar   to reserve
residencia *f*   residence
residente *m* or *f*   resident
respeto *m*   respect
responsabilidad *f*   responsibility

responsabilidad primordial *f*
fundamental responsibility
responsabilizarse de to be responsible
for
responsable responsible
responsable de marketing *m* director of
marketing
restauración *f* restoration
restaurante *m* restaurant
restricción *f* restriction
restringir to restrict
reunión *f* meeting
reunión telefónica *f* conference call
revisar to check over, review
revisión *f* review
revolución *f* revolution
riesgo *m* risk
rincón de paraíso *m* corner (piece) of
paradise
río *m* river
risco *m* cliff
robo *m* robbery
rodear to surround
ropa *f* clothing
ropa de cama *f* bed linens
rótulo *m* sign
rubí *m* ruby
rueda *f* wheel
rueda mágica *f* ferris wheel
ruta *f* route
ruta aérea *f* air lane (route)
ruta internacional *f* international route
rutinariamente routinely

S

sábana *f* sheet (bed)
sabor *m* taste, flavor
safari *m* safari
saldo *m* balance (account)
salida *f* departure
salida de divisas *f* outflow of currency
salida de emergencia *f* emergency exit
salir to leave
satisfacer to satisfy
satisfactorio satisfactory
satisfecho satisfied
sector *m* sector
sector público *m* public sector
segmentación *f* segmentation

segmentación del mercado *f* market
segmentation
segmentar to segment
segmento *m* segment
segmento del mercado *m* market
segment
seguridad *f* security, safety
selección *f* selection
selectivo selective
seminario *m* seminar; seminary
sencillo simple
señalización *f* signaling, signposting
separar to separate
servicio *m* service
servicio a habitaciones *m* room service
servicio amable *m* friendly service
servicio de banquetes *m* banquet service
servicio de cuartos *m* room service
servicio de despertador *m* wake-up
service
servicio de pisos *m* housekeeping
servicios alimenticios *m pl* food and
beverage service
servicios de alimentación *m pl* food and
beverage service
servicios de correo *m pl* mail service
servicios de viajes *m pl* travel services
servidumbre *f* domestic staff
servil servile
servilleta *f* napkin
servirse de to use
sexo *m* sex
símbolo *m* symbol
simplificar to simplify
simultáneamente simultaneously
sin escala nonstop
sinfonía *f* symphony
sistema *m* system
sistema computadorizado *m*
computerized system
sistema de aire acondicionado *m* air
conditioning system
sistema de alarma *m* alarm system
sistema de seguridad *m* security system
sistema de vigilancia *m* surveillance
system
sitio *m* place
situación *f* situation
sobreocupación *f* overbooking

sobresalir   to excel
social   social
sociedad *f*   society
solicitud *f*   request
sonar   to ring
status *m*   status
súbdito *m*   national (of a country)
subir a   to get on, go up
subsidio *m*   subsidy
subsidio del gobierno *m*   government
   subsidy
sucio   dirty
sueldo *m*   salary
sugerir   to suggest
suma *f*   sum
superávit *m*   surplus
superficie *f*   surface
supersónico   supersonic
supervisar   to supervise
supervisión *f*   supervision
supervisor *m*   supervisor
sustitución *f*   substitution
sustituir   to substitute

T

tablero *m*   board
tamaño *m*   size
tanque de oxígeno *m*   oxygen tank
tarea *f*   task
tareas domésticas *f pl*   household chores
tarifa *f*   rate; fare; fee
tarifa del cuarto *f*   room rate
tarjeta de crédito *f*   credit card
tarjeta de identidad estudiantil *f*   student
   identification (ID) card
tarjeta-llave *f*   card key
tasa de desocupación *f*   vacancy rate
taxi *m*   taxi
taza *f*   cup
teatro *m*   theater
tecla *f*   key
teclado *m*   keyboard
técnica *f*   technique
técnicas de marketing *f pl*   marketing
   techniques
técnico *m*   technician
telecomunicación *f*   telecommunication
telefónico   telephone, telephonic
telefonista *m* or *f*   telephone operator

teléfono *m*   telephone
teléfono privado *m*   private telephone
telefoto *f*   telephoto
telemarketing *m*   telemarketing
telemática *f*   electronic mail
televisión *f*   television
televisión en circuito cerrado *f*   closed
   circuit TV
télex *m*   telex
temporada *f*   season
tenedor *m*   fork
tener en cuenta   to keep in mind
tener éxito   to be successful
tener un papel   to play a role
tenis *m*   tennis
terminal *m*   terminal
terrestre   terrestrial
territorio *m*   territory
terrorista *m* or *f*   terrorist
tienda *f*   tent; store
tienda por departamentos *f*   department
   store
tierra *f*   earth
tipo *m*   type
tipo de clientela *m*   type of clientele
tipo de habitación *m*   type of room
tocino *m*   bacon
tomar en cuenta   to take into account
tomar una decisión   to make a decision
topografía *f*   topography
torre *f*   tower
tostada *f*   toast
tour *m*   tour
trabajo de equipo *m*   teamwork
tráfico *m*   traffic
tráfico aéreo internacional *m*
   international air traffic
tramo *m*   span, stretch
trampolina *f*   trampoline
transatlántico *m*   transatlantic (ocean)
   liner
transatlántico   transatlantic
transmisión *f*   transmission
transmisor *m*   sender, transmitter
transmitir   to transmit, send
transportar   to transport
transporte *m*   transport, transportation
transporte aéreo *m*   air transport, air
   travel

transporte marítimo *m* ocean transportation
transporte terrestre *m* ground transportation
trasladar to move
tratado *m* treaty
travesía *f* crossing
travesía transatlántica *f* transatlantic crossing
tren *m* train
tren de gran velocidad *m* high-speed train
tripulación *f* crew
tropical tropical
turismo *m* trourism
turístico tourist
turno diurno *m* day shift
turno nocturno *m* night shift

U

ubicación *f* location, situation
ubicado located, situated
uniforme *m* uniform
unilateral unilateral
universal universal
universidad *f* university
urbano urban
usuario *m* user

V

vacaciones *f pl* vacation
vacaciones de verano *f pl* summer vacation
vacío vacant, unoccupied
vagón *m* car (of a train)
vajilla *f* china, dishes, dinnerware
vale de la tarjeta de crédito *m* credit card voucher
valor *m* value
vapor *m* steamship, boat, steamer
variable *f* variable
variado varied
variar to vary, change
variedad *f* variety
vasija *f* crystal
vaso *m* glass (drinking)
vehículo *m* vehicle
vela *f* candle; sail
velero *m* sailboat

velocidad *f* velocity, speed
velocidad del sonido *f* speed of sound
ventaja *f* advantage
ventajas de venta exclusivas *f pl* exclusive sales advantages
ventas *f pl* sales
ventas a domicilio *f pl* door-to-door sales
ventas por teléfono *f pl* telephone sales
veraneante *m* or *f* summer vacationer
veraneo *m* summer vacation (holiday)
veraniego summer(y)
verificar to verify, check
vía *f* track
viajar to travel
viaje alrededor del mundo *m* around-the-world trip
viaje de negocios *m* business trip
viaje de placer *m* pleasure trip
viaje en grupo *m* group trip
viaje transatlántico *m* transatlantic voyage
viajero *m* traveler
video *m* video
video reunión *f* video meeting
vigilancia *f* vigilance, surveillance
vigilar to watch
villa *f* villa
visa *f* visa
visado *m* visa
visita *f* visit
visitar to visit
vista *f* view
visual visual
volar to fly
vuelo *m* flight
vuelo charter *m* charter flight
vuelo fijo *m* regularly scheduled flight
vuelo fletado *m* charter flight
vuelo internacional *m* international flight

W

W.C. *m* toilet

Y

yate *m* yacht

Z

zarpar to set sail
zona *f* zone

ENGLISH-SPANISH VOCABULARY

A

ability la capacidad
abroad al extranjero, al exterior
absence la ausencia
academic académico
academician el académico
academy la academia
acceptable aceptable
access el acceso
accessible accesible
accident el accidente
accord el acuerdo
account la cuenta
accounting la contabilidad
accounting (pertaining to) contable
acrobatics la acrobacią
activity la actividad
actual actual, present
actual (present) client (customer) el (la) cliente actual
additional adicional
additional cost el costo adicional
address la dirección
addressee el destinatario
adjustment el ajuste
adopt adoptar
adult el adulto
advance el avance, el adelanto
advance avanzar
advance notice el aviso previo
advantage la ventaja
advertisement el anuncio
advertising la propaganda, la publicidad
advertising publicitario
advertising material el material publicitario
advisable aconsejable
aerial aéreo
aerobic aeróbico
aerobic exercises los ejercicios aeróbicos

affable amable
affect afectar
affection el afecto
Afro-American afroamericano
again de nuevo
age la edad
agency la agencia
agenda la agenda
agent el (la) agente
agree concordar, estar de acuerdo
agreement el acuerdo
air el aire
air aéreo
air conditioning system el sistema de aire acondicionado
air lane (route) la ruta aérea
air traffic controller el controlador de tráfico aéreo
air transport el transporte aéreo
air travel el transporte aéreo
airline la línea aérea
airplane el avión
airport el aeropuerto
airship el dirigible
alarm la alarma
alarm system el sistema de alarma
alcoholic beverage la bebida alcohólica
aloof altivo
alphabetical alfabético
altitude la altitud
ambiance el ambiente
American plan la pensión completa
amount el monto
amphitheater el anfiteatro
amusement park el parque de atracciones
analysis el análisis
analyze analizar
anchor anclar, echar anclas
ancient antiguo

animal   el animal
announcement   el anuncio
answer   contestar
answering machine   el contestador
    automático
apart   aparte
appear   aparecer
appearance   la apariencia
appease   pacificar
apportion   repartir, desglosar
appreciable   apreciable
appreciate   apreciar
approval   la aprobación
approve   aprobar
aquatic   acuático
aqueduct   el acueducto
Arabic   árabe
archaeological site   el lugar
    arqueológico
archaeologist   el arqueólogo
archaeology   la arqueología
area   el área, el recinto
area code   la clave de área
armed   armado
armed attack   el ataque a mano armada
armed conflict   el conflicto armado
around-the-world trip   el viaje alrededor
    del mundo
arrange   arreglar
arrangement   el arreglo
arrival   la llegada
arrival date   la fecha de llegada
art exhibit (show)   la exposición de arte
artistic   artístico
arts   las artes
aspect   el aspecto
assign   asignar
assigning   la asignación
assignment   la asignación
assistant   el (la) ayudante
association   la asociación
assure   asegurar
astonishing   asombrante
at noon   al mediodía
attack   el ataque
attack   atacar
attend   asistir a
attention   la atención
attract   atraer

attraction   la atracción
authority   la autoridad
automatic   automático
automatic billing   la facturación
    automática
automatic recall (call back)   la llamada
    automática
automatically   automáticamente
automobile   el automóvil
availability   la disponibilidad
available   disponible
available resources   los recursos
    disponibles
aviation   la aviación
aviation industry   la industria de la
    aviación
aviator   el aviador
avoid   evitar
aware   al corriente
Aztec   azteca

B

bacon   el tocino
badge   la insignia
badly brought up   malcriado
baggage   el equipaje
balance   el balance, el saldo
balance   equilibrar; **(an account)**
    contabilizar
balance of payments   el balance de
    pagos
balcony   el balcón
banquet   el banquete
banquet service   el servicio de banquetes
bar   el bar
barbecue   la barbacoa
barge   la gabarra
bartender   el barman
base   la base
basis   la base
bathe   bañarse
bathroom   el baño, el cuarto de baño, el
    W.C.
bath   el baño
battle   la batalla
be composed of   consistir en
be important   importar
be responsible for   responsabilizarse de
    (por)

be successful   tener éxito
beach resort   el balneario
beauty   la belleza
bed   la cama
bed linens   la ropa de cama
begin   iniciar
behavior   el comportamiento
bellhop   el botones, el mozo, el maletero
belong   pertenecer
berth   la litera
beverage   la bebida
bicycle race (racing)   la carrera ciclista
bilateral   bilateral
bilateral agreement   el acuerdo bilateral
bill   la cuenta, la factura
bill   facturar
billing   la facturación
black box   la caja negra
blank   en blanco
blanket   la manta, la frazada
block   bloquear
board   el tablero
boardinghouse   la pensión
boat   el barco, el vapor
bolivar (currency of Venezuela)   el bolívar
bolt   el cerrojo
bomb   la bomba
border   la frontera
boss   el jefe
bound for   con rumbo a, con destino a
box   la caja
breakfast   el desayuno
bring in   recaudar
brochure   el folleto
brook   el arroyo
budget   el presupuesto
bulletin   el boletín
bunk   la litera
bus   el autobús
bus company   la compañía de autobuses
busboy   el ayudante de camarero
business   la gestión
business people   las personas de negocio
business trip   el viaje de negocios
business world   el mundo de negocios
busy   ocupado
button   el botón
by hand   a mano

C

cabin (of a ship)   el camarote
cafeteria   la cafetería
calculate   calcular
calculation   el cálculo
call   la llamada
call   llamar
call forwarding   la remisión automática
camera   la cámara
camp   el campamento
campaign   la campaña
camper   el (la) campista
camping   el camping
canal   el canal
cancel   anular
cancellation   la anulación
cancellation request   el pedido de anulación
candelabra   el candelabro
candle   la vela
capacity   la capacidad
capture   capturar
car   el carro, el coche; (of a train) el vagón, el coche
car race (racing)   la carrera de automóviles
card (filing)   la ficha
card game   el juego de naipes
card key   la tarjeta-llave
care   el cuidado
careful   cuidadoso
carry out   llevar a cabo
cartography   la cartografía
case   el caso
cashier   el cajero
cashier's desk (counter)   la caja
casino   el casino
castle   el castillo
catalyst   el catalizador
category   la categoría
cathedral   la catedral
Catholic   católico
center   el centro
chain   la cadena
chamber   la cámara
Chamber of Commerce   la Cámara de Comercio
chambermaid   la camarera
change   el cambio, la modificación

change cambiar, modificar; convertir; variar
change request el pedido de modificación
characteristic la característica
characterize caracterizar
charge el cargo
charge cobrar
charter fletar
charter flight el vuelo fletado, el vuelo charter
check verificar
check list la lista de cotejo
check over revisar
checkroom la consigna
children los hijos, los niños
china la vajilla
chronological cronológico
circular circular
circulate circular
circumference la circunferencia
circus el circo
citizen el ciudadano
civil civil
civil aviation la aviación civil
classify clasificar
clean limpiar
cleaner el limpiador
cleaning la limpieza
cleanliness la limpieza
client el (la) cliente
clientele la clientela
cliff el risco
climate el clima
close out (of an account) el cierre
closed circuit en circuito cerrado
closed circuit TV la televisión en circuito cerrado
closing (of an account) el cierre
clothing la ropa
club el club
club village el club-aldea
coach bus el autocar
cocktail el cóctel
code la clave, el código
collaborate colaborar
collect recaudar, recoger
color el color
combination el conjunto

comfort la comodidad
coming and going el ir y venir
comings and goings las idas y venidas
commander el comandante
commercial comercial
commercial aviation la aviación comercial
communicate comunicar
communication la comunicación
community la comunidad
company la compañía
compass la brújula
compete competir
competence la competencia
competition la competencia
complete completar
complex complejo
complicated complicado
comprehension la comprensión
computable contable
computer la computadora, el ordenador
computer programming la informática
computer science la informática
computerized computadorizado
computerized system el sistema computadorizado
concern la preocupación
concert el concierto
concession la concesión
concierge el conserje
condition la condición
conditioned acondicionado
condominium el condominio
conference call la reunión telefónica
confirm confirmar
confirmation la confirmación
conflict el conflicto
confront confrontar, hacer cara a
connect conectar, enlazar
connection el enlace, la conexión
consist of consistir en
construct construir
construction la construcción
consul el cónsul
consult consultar
consume consumir
consumer el consumidor
consumption el consumo, la consumición
contact el contacto

contest   el concurso
continent   el continente
continental   continental
continental breakfast   el desayuno continental
contract   el contrato
contribute   contribuir
control   el control
control   controlar
convention   el congreso
conventioneer   el (la) congresista
conversation   la conversación
convert   convertir
cook   el cocinero
cook   cocinar
coordinate   coordinar
coordination   la coordinación
coordinator   el coordinador
coreligionist   el correligionario
corner (piece) of paradise   el rincón de paraíso
correct   correcto
correct   corregir, enmendar
correction   la corrección, la enmienda
correspondence   la correspondencia
cost   el costo
cost   costar
country   el país
courteous   cortés
credit   el crédito, el haber
credit card   la tarjeta de crédito
credit card voucher   el vale de la tarjeta de crédito
creditor   el acreedor
crew   la tripulación
crisis   la crisis
criteria   el criterio
cross   cruzar, atravesar
crossing   la travesía
cruise   el crucero
cruise company   la compañía de cruceros
cruise ship (liner)   el barco de crucero
crystalware   la vasija
cultural   cultural
cultural activities   las actividades culturales
cultural interest   el interés cultural
culture   la cultura
cup   la taza

current   la corriente
custom   la costumbre
customer   el (la) cliente
cutlery   los cubiertos
cutoff (telephone line)   el corte de línea

D

daily business transactions   las operaciones comerciales del día
daily ledger   el diario, el libro de diario
daily turnover figure   la cifra comercial del día
dance   el baile
dangerous   peligroso
data   los datos
date   la fecha
day shift   el turno diurno
de facto   de facto
de facto recognition   el reconocimiento de facto
de jure   de jure
debit   el debe, el débito
debtor   el deudor
decision   la decisión
deck (of a ship)   la cubierta
decor   el decorado
decorate   decorar
decoration   la decoración, el decorado
decrease   disminuir
deduct   deducir
deficit   el déficit
definition   la definición
degree   el grado
demand   la demanda; la exigencia
demand   demandar
democratic   demócrata, democrático
demographic   demográfico
department   el departamento
department store   la tienda por departamentos
departure   la salida
departure date   la fecha de salida
departure gate   la puerta de salida
departure time   la hora de salida
deposit   el depósito
deposit   depositar
depression   la crisis económica
deregulation   la desreglamentación
describe   describir

description la descripción
desert el desierto
destiny el destino
detail el detalle
detailed detallado
detect detectar
detection la detección
develop desarrollar
developing en vías de desarrollo
development el desarrollo
dial (a number) marcar, discar
diamond el diamante
different diferente, distinto
different possibilities las posibilidades diferentes
differentiate diferenciar
difficult difícil
diminish disminuir
dine cenar
dinnerware la vajilla
diplomatic diplomático
diplomatic recognition el reconocimiento diplomático
direct directo
direct dirigir
direct call la llamada directa
direct mail advertising la propaganda por correo
direction la dirección
director el director
director of marketing el responsable de marketing
dirigible el dirigible
dirty sucio
disadvantage la desventaja
disagreement el desacuerdo
disappear desaparecer
disappearance la desaparición
disconnect desconectar
disconnection la desconexión; **(telephone line)** el corte de línea
discotheque la discoteca
discount el descuento
discrepancy la discrepancia
discretely discretamente
dish el plato
dishes la vajilla
dishwasher el lavaplatos
dislodging el desalojamiento

dispatch el despacho
dispatch despachar
displace desplazarse
disposition la disposición
distance la distancia
distribute distribuir
distributing distribuidor
distribution la distribución
distribution agency la agencia distribuidora
distributive distribuidor
diversification la diversificación
diversify diversificar
divide dividir
division la división
document el documento
domestic staff la servidumbre
domicile el domicilio
doorkeeper el portero
door-to-door sales las ventas a domicilio
double bed la cama matrimonial
drawing el pictograma
drink la consumición, la bebida
driver el conductor
dry cleaning la limpieza en seco
duplicate duplicar
duplication la duplicación
duration la duración
duty el deber; **(tax)** el arancel

E

earn ganar
earth la tierra
easy fácil
eatery la fonda, el mesón, posada
ecological ecológico
ecology la ecología
economical económico
economy la economía
educate educar
education la educación
education level el nivel de educación
efficiency la eficiencia
egg el huevo
electrical eléctrico
electronic electrónico
electronic mail la telemática
electronics la electrónica

element   el elemento
elementary school   la escuela elemental
elevator   el ascensor
elevator operator   el (la) ascensorista
embark   embarcar
embarkation   la embarcación, el embarque
embassy   la embajada
emblem   el emblema
emerald   la esmeralda
emergency   la emergencia
emergency exit   la salida de emergencia
emergency staircase (stairway)   la escalera de emergencia
enjoy   disfrutar de
enjoyable   placentero
enormous   enorme
enterprise   la empresa
entertainment   el entretenimiento
entry (ledger)   la entrada, la partida
environment   el ambiente
epoch   la época
equator   el ecuador
equatorial   ecuatorial
equipment   el equipo
era   la época
error   el error
essential   esencial
establish   establecer, fijar
establishment   el establecimiento
ethnic   étnico
ethnic origin   el origen étnico
European   europeo
European Economic Community (EEC)   la Comunidad Económica Europea
evacuate   evacuar
evacuation   la evacuación
evacuation plan   el plan de evacuación
event   el evento
excel   sobresalir
exchange   el intercambio
exclusive   exclusivo
exclusive sales advantages   las ventajas de venta exclusivas
excursion   la excursión
exhibit(ion)   la exposición
exist   existir
existence   la existencia
exotic environment   el ambiente exótico

expenditure   el egreso
expense   el gasto, el egreso
experience   la experiencia
experienced   experimentado
expert   el experto
export   exportar
exportation   la exportación
exporting   la exportación
exposition   la exposición
expressway   la autopista
extension   la extensión
exterior   exterior
extinguish   apagar

F

face (confront)   hacer cara a
facility   la instalación
fair price   el precio justo
family   la familia
fan   el aficionado
fare   la tarifa
farm   la finca, la granja
fauna   la fauna
fax   el facsímil, el facsímile
fax number   el número de facsímil(e)
federal   federal
federal agency   la agencia federal
fee   la tarifa
feminine   femenino
ferris wheel   la rueda mágica
fierce   encarnizado
file   el archivo, el fichero
file   archivar
fill out   llenar
final   final
final bill   la cuenta final
financial   financiero
fire   el incendio
fire drills   los ejercicios contra incendios
fire extinguisher   el extintor de incendios
fire hydrant   la boca de incendios
fittings   la instalación
fixed menu   el menú fijo
fixed price   el precio fijo
fixed schedule (timetable)   el horario fijo
flash   el flash
flavor   el sabor
fleet   la flota

flight   el vuelo
floating   flotante
floating hotel   el hotel flotante
floral   floral
floral decoration   la decoración floral
fly   volar
food   la comida, el alimento
food and beverage products   los productos alimenticios
food and beverage services   los servicios alimenticios, los servicios de alimentación
forecast   pronosticar
foreign currency   la divisa
foreigner   el extranjero
forest   el bosque
fork   el tenedor
form   la forma
fraternal   fraternal
free   libre; gratuito
free information   la información gratuita
frequency   la frecuencia
frequent   frecuente
frequent   frecuentar
frequented   frecuentado
freshness   la frescura
friendly   amable
friendly service   el servicio amable
front desk manager   el jefe de recepción
frontier   la frontera
full   lleno
full room and board   la pensión completa
function   la función
function   funcionar
functioning   el funcionamiento
fundamental responsibility   la responsabilidad primordial
funds   los fondos

G

galleon   el galeón
galley   la galera
gamble   jugar
gambling   el juego
game   el juego
games of chance   los juegos de azar
garage   el garaje
gardening   la jardinería
gasoline station   la gasolinera

general   general
geographical   geográfico
geography   la geografía
German   alemán
get on (board)   subir a
gigantic   gigantesco
glass (drinking)   el vaso, la copa
go camping   ir de camping
go down (descend)   bajar
go from one place to another   desplazarse
go up   subir
goal   la meta
going to   con destino a
good manners   los buenos modales
Gothic cathedral   la catedral gótica
government   el gobierno
government agency   la agencia gubernamental
government agent   el (la) agente del gobierno
government subsidy   el subsidio del gobierno
governmental   gubernamental
grade   el grado
graphics   las gráficas
gratuitous   gratuito
ground transportation   el transporte terrestre
grounds   el recinto
group   el grupo
group trip   el viaje en grupo
growth   el crecimiento
guarantee   la garantía
guarantee   garantizar
guard   el guarda
guest   el (la) huésped
guest register   el registro de los huéspedes
guide   la guía
gymnasium   el gimnasio
gymnastics   la gimnasia

H

habitual   habitual
hair salon   la peluquería
haircut   el corte de pelo
hairdresser's   la peluquería
hallway   el pasillo

hand over   entregar
harass   hostigar
haughty   altivo
have available   disponer
have dinner   cenar
head   el jefe
head chef   el jefe de cocina
headed for   con rumbo a
heating   la calefacción
heavy   pesado
hemisphere   el hemisferio
high school   la escuela secundaria
high speed   de alta velocidad
high-speed train   el tren de gran
    velocidad
highway   la carretera
hill   la colina
Hispanic   hispano
historical   histórico
history   la historia
hold (message) call   el mensaje de
    paciencia
home   el domicilio
homeless (people)   las personas sin hogar
horse race (racing)   la carrera de caballos
horseback riding   la equitación
host   el anfitrión
hostel   el albergue, el hostal
hotel   el hotel, el parador
hotel accounting   la contabilidad hotelera
hotel chain   la cadena de hoteles, la
    cadena hotelera
hotel guide   la guía de hoteles
hotel industry   la industria hotelera
hotel (pertaining to a)   hotelero
hotel reservation   la reservación hotelera
hotelkeeper   el hotelero
household chores   las tareas domésticas
housekeeper   el ama de llaves
housekeeping   el servicio de pisos
hovercraft   el aerodeslizador
hygiene   la higiene

I

ice   el hielo
ice skating   el patinaje sobre hielo
idea   la idea
identification   la identificación
identify   identificar

ill-bred   malcriado
illegitimate   ilegítimo
image   la imagen
imitate   imitar
immediately   en seguida
impact   el impacto
import   importar
importance   la importancia
importation   la importación
importing   la importación
impose   imponer
imposition   la imposición
imprint   la impresión
in advance   con anticipación
in alphabetical order   por orden
    alfabético
in chronological order   por orden
    cronológico
in danger   en peligro, en apuros
in transit   de tránsito, de paso
include   incluir
income   el ingreso, la renta
increase   el aumento
increase   aumentar
increment   el incremento
independent   independiente
indicate   indicar
indigenous   indígena
indispensable   indispensable,
    imprescindible
individualized   individualizado
industrialization   la industrialización
industry   la industria
influence   la influencia
influence   influenciar
information   la información, los datos
infraction   la infracción
initiate   iniciar
injustice   la injusticia
inn   el albergue, la fonda, el mesón, el
    parador, la posada
insignia   la insignia
inspect   inspeccionar
install   instalar
installation   la instalación
instructions   las consignas
insure   asegurar
intellectual   intelectual
interaction   la interacción

intercontinental   intercontinental
interest   el interés
interest   interesar
interfere   intervenir
interior   interior
intermediary   el intermediario
international   internacional
international air traffic   el tráfico aéreo
   internacional
international airport   el aeropuerto
   internacional
international aviation   la aviación
   internacional
international flight   el vuelo
   internacional
international law   el derecho
   internacional
international market   el mercado
   internacional
international route   la ruta
   internacional
international trade   el comercio
   internacional
intervene   intervenir
intervention   la intervención
introduction   la introducción
invent   inventar
invention   la invención
inventor   el inventor
inventory   el inventario
investigate   investigar
investigation   la investigación
iron   planchar
ironing   el planchado
irrecoverable   irrecuperable
irrecoverable loss   la pérdida
   irrecuperable
isolated   aislado
isolation   el aislamiento
issuance   el despacho, la emisión
issue   despachar; emitir
issuer   el emisor

J

jammed   atascado
jazz   el jazz
jazz concert   el concierto de jazz
jet engine   el motor de reacción a
   chorro

jet plane   el avión de reacción a chorro, el
   jet
jewel   la joya
Jewish   judío
jogging   el jogging
journey   el recorrido
judge   juzgar
jumbo jet   el jumbo

K

keep   guardar
keep in mind   tener en cuenta
keep up to date   mantener al corriente,
   mantener al día
key   la clave; la llave; la tecla
key ring   el llavero
keyboard   el teclado
kilometer   el kilómetro
kitchen   la cocina
knife   el cuchillo
knowledge   el conocimiento

L

lack of space   la falta de espacio
lake   el lago
lamp   la lámpara
land   aterrizar
landing   el aterrizaje
larceny   el hurto
last   durar
latitude   la latitud
launch   la lancha
laundry   la lavandería
law   el derecho
learn by heart   aprender de memoria
leave   dejar; salir, marcharse
lecture   la conferencia
legality   la legalidad
legitimate   legítimo
levy a tax   gravar
life-style   el modo de vida
light   la luz
lighting   la iluminación
limit   el límite
limit   limitar
line   la línea
linens   la lencería
link   el enlace
list   la lista

lit   encendido
local   local
local customs   las costumbres locales
located   ubicado
location   el emplazamiento, la ubicación; el lugar
lock   la cerradura
locomotive   la locomotora
lodge   alojar
lodging   el albergue, el alojamiento, el hostal
long-distance bus   el autobús de largo recorrido, el autocar
long (great) distance   la gran distancia
longitude   la longitud
long-term   a largo plazo
loss   la pérdida
loss of revenue   la pérdida de ingresos
luxurious   lujoso
luxury   el lujo
luxury hotel   el hotel de lujo
luxury suite   el apartamento de lujo

M

mail   el correo
mail services   los servicios de correo
maintain   mantener
maintenance   el mantenimiento
maitre d'   el maître d'hotel
make a decision   tomar una decisión
make a profit   realizar un beneficio
make difficult   dificultar
manage   dirigir
management   la dirección, la gestión
manager   el director, el jefe
manners   los modales
manually   manualmente
map   el mapa
market   el mercado
market segment   el segmento del mercado
market segmentation   la segmentación del mercado
marketing   el marketing
marketing principles   los principios de marketing
marketing techniques   las técnicas de marketing
masculine   masculino

master key   la llave maestra
material   el material
Mayan   maya
means of communication   el medio de comunicación
means of transportation   el medio de transporte, el modo de transporte
measure   medir
medieval   medieval
medieval castle   el castillo medieval
medium size   de tamaño mediano
meeting   la reunión
memorize   aprender de memoria, memorizar
memory   la memoria
menu   el menú
merger   la fusión
message   el mensaje, el recado
metal   el metal
metal key   la llave de metal
meteorological   meteorológico
meteorology   la meteorología
method   el método
method of payment   el método de pago
microcomputer   la microcomputadora
midday   el mediodía
military   militar
minibar   el mini-bar
ministry   el ministerio
misery   la miseria
modest   modesto
modest price   el precio módico
modification   la modificación
money   el dinero
monorail   el monoriel
monument   el monumento
monumental   monumental
Moslem   musulmán
motel   el motel
motivate   motivar
motive   el motivo
motor   el motor
motor coach   el autocar
motorcycle   la motocicleta
motorist   el (la) automovilista
mountain   la montaña
mountain climbing   el alpinismo
move   desplazarse, trasladar
multilingual   multilingüe

multiple múltiple
municipal municipal
museum el museo
musician el músico
mutual mutuo
mutual agreement el acuerdo mutuo
mutual protection la protección mutua

N

name el nombre
napkin la servilleta
narrow gauge track (de) vía estrecha
nation la nación
national nacional
national (of a country) el súbdito
national interest el interés nacional
national policy la política nacional
national tourist office la oficina nacional
  de turismo
nationality la nacionalidad
native indígena
natural natural
natural resources los recursos naturales
nature la naturaleza
navigate navegar
navigation la navegación
navigator el navegante
necessary necesario
necessary data los datos necesarios
necessary training la formación
  necesaria
necessity la necesidad
negotiate negociar
negotiation la negociación
network la red
nice amable
night manager el gerente nocturno
night shift el turno nocturno
nonstop sin escala
noon el mediodía
note anotar, apuntar
notice el aviso
notify avisar
notion la noción
nuclear nuclear
nuclear propulsion la propulsión
  nuclear
number el número
numerous numeroso

O

oar el remo
object el objeto
objective el objetivo
obligation el deber
observation la observación
observe observar
obtain obtener
occupation la ocupación
occupied ocupado
occur efectuarse
ocean el océano
ocean transportation el transporte
  marítimo
of modest income de ingresos modestos
of modest means de medios modestos
offense la infracción
on board a bordo
on credit a crédito
on the high seas en alta mar
on the way en (de) camino
operate operar
operation la operación
operational operacional
operational cost el costo operacional
operator el operador
opinion la opinión
opportunity la oportunidad
opt optar
option la opción
oral oral
orange juice el jugo (zumo) de naranja
organism el organismo
organization la organización
organize organizar
orient oneself orientarse
orientation la orientación
origin el origen
out of order fuera de servicio
out of service fuera de servicio
outdoor al aire libre
outer appearance la apariencia
  exterior
outflow of currency la salida de divisas
outskirts los alrededores
overbooking la sobreocupación
owe deber
owner el dueño, el propietario
oxygen tank el tanque de oxígeno

P

pacify pacificar
package el paquete
"package" tour la excursión de «paquete»
pamphlet el panfleto
paradise el paraíso
park el parque
park estacionar
parking (garage) attendant el garajista
partial parcial
party (person) la parte
passenger el pasajero
passing through de paso
passport el pasaporte
pastime la diversión, el pasatiempo
patrol patrullar
pay pagar
pay the bill abonar la factura
payment el pago
peak el pico
pearl la perla
penetration pricing el precio de penetración
pension la pensión
perfect perfeccionar
perfection la perfección
permanent home el domicilio habitual
personal personal
personal car el carro (coche) personal
personal characteristics las características personales
personal motive el motivo personal
personnel el personal
personnel management la dirección del personal
peso (currency of several Latin American countries) el peso
phase la fase
phenomenon el fenómeno
photo la foto
photograph la fotografía
physical físico
pictogram (picture sign) el pictograma
pier el muelle
pillow la almohada
pillowcase la funda
pilot el piloto
pitch a tent levantar una tienda
place el lugar, el sitio

place for relaxation el lugar de descanso
plan el plan
plane el avión
planet el planeta
planning la planificación
plant la instalación
plate el plato
play jugar
play a role jugar un papel, tener un papel
pleasant placentero, agradable
pleasure el placer
pleasure boat el barco de placer
pleasure trip el viaje de placer
point el punto
points of interest los puntos de interés
points of sale los puntos de venta
polar polar
pole el polo
police la policía
policy la política
polish lustrar
Polish polaco
political político
political activities las actividades políticas
politics la política
populate poblar
population la población
port el puerto
porter el maletero, el botones
positioning el posicionamiento, el emplazamiento
possibility la posibilidad
post fijar
poster el cartel
potential el potencial
potential potencial
potential client (customer) el (la) cliente potencial
poverty la pobreza
practice la práctica
precinct el recinto
preference la preferencia
prepare preparar
presence la presencia
present actual
present presentar
presentation la presentación
press oprimir

prevent   prevenir
prevention   la prevención
price   el precio
price/quality ratio   la relación calidad/precio, la correspondencia precio/calidad
price skimming   el precio de desnatación
pricing policies   las políticas de precio
primitive   primitivo
print   imprimir
printed   impreso
printer   el impresor
private   privado, particular
private car   el coche (carro) particular
private company   la compañía privada
private house   la casa particular
private telephone   el teléfono privado
privilege   el privilegio
product   el producto
production   la producción
profession   la profesión
professional   profesional
professional activities   las actividades profesionales
profitability   la rentabilidad
profits   los beneficios
profound   profundo
program   el programa
programmed   programado
progress   el progreso
prolong   prolongar
promote   promover, fomentar
promotion   la promoción, el fomento
promotional activities   las actividades de promoción
promotional material   el material promocional
property   la propiedad
propulsion   la propulsión
prostitute   la prostituta
protect   proteger
protection   la protección
Protestant   protestante
provide   proveer
provision   la provisión
proximity   la proximidad
psychological   psicológico
psychologist   el psicólogo
public   el público

public   público
public sector   el sector público
publicity   publicitario
publicity campaign   la campaña publicitaria
publish   publicar
punctuality   la puntualidad
purchases   las compras
put up   alojar
pyramid   la pirámide

Q

quality   la calidad, la cualidad
quantity   la cantidad
questionnaire   el cuestionario
quetzal (currency of Guatemala)   el quetzal
quick dialing   el discado abreviado
quota   la cuota

R

race   la carrera
railroad   el ferrocarril
railroad station   la estación de ferrocarril
railroad system   la red de ferrocarriles
rare   raro
rate   la tarifa
reasonable   razonable
receive   recibir
receiver   el receptor
recent   reciente
reception   la recepción
reception desk   la recepción
receptionist   el (la) recepcionista
reciprocal   recíproco
reciprocal diplomatic recognition   el reconocimiento diplomático recíproco
recognition   el reconocimiento
recognize   reconocer
reconcile   conciliar
reconciliation   la conciliación
record   el fichero
recover   recuperar
recreation   el recreo
recruit   reclutar
recuperate   recuperar
reduce   reducir
reduced   reducido

reduced cost   el costo reducido
reduction   la reducción
refrigeration   la refrigeración
refuel   abastecerse de combustible
refuse   negarse a
region   la región
regional   regional
register   el registro
register   registrar
registered (checked-in) client   el (la) cliente hospedado
registration   la inscripción
registration card   la ficha de ingreso
regularity   la regularidad
regularly   con regularidad
regularly scheduled flight   el vuelo fijo
regulate   reglar, regular
regulation   la reglamentación, el reglamento
reinforce   reforzar
reject   rechazar
relation   la relación
relatives   los parientes
religion   la religión
remain   quedarse
remote   remoto
remove   quitar
renovated   renovado
rent   el alquiler
rent   alquilar
rental   el alquiler
repair   la reparación
replace   reemplazar
report   el informe
represent   representar
representative   el (la) representante
republican   republicano
request   el pedido, la solicitud
request   demandar
require   requerir
requirement   el requisito; la exigencia
research   la investigación
research program   el programa de investigación
reservation   la reservación
reservation board (plan)   el plan de reservaciones
reservation request   el pedido de reservación

reservation slip   la ficha de reservación
reservations control   el control de reservaciones
reserve   reservar
reserved   reservado
residence   la residencia
resident   el (la) residente
respect   el respeto
responsibility   la responsabilidad
responsible   responsable
restaurant   el restaurante
restoration   la restauración
restoration project   el proyecto de restauración
restrict   restringir
restriction   la restricción
retailer   el detallista
return   devolver
review   la revisión
review   revisar
revise   enmendar
revolution   la revolución
ride a horse   montar a caballo
right   el derecho
ring   sonar
risk   el riesgo
river   el río
road   el camino
robbery   el robo
roller coaster   la montaña rusa
roller skating   el patinaje sobre ruedas
room   la habitación, el cuarto
room assignment   la asignación de los cuartos
room number   el número de la habitación (del cuarto)
room rack   el plan de ocupación diaria
room rate   la tarifa del cuarto
room service   el servicio a habitaciones, el servicio de cuartos
round   circular
round trip   de ida y vuelta (regreso)
route   la ruta
routinely   rutinariamente
ruby   el rubí
rule   el reglamento
rule   reglar, regular
run (distance)   el recorrido

S

safari el safari
safe deposit box la caja fuerte
safety la seguridad
safety lock la cerradura de seguridad
sail la vela
sailboat el velero
salary el sueldo
sales las ventas
satisfactory satisfactorio
satisfied satisfecho
satisfy satisfacer
saucer el platillo
schedule el horario
scrap metal (iron) la chatarra
screen la pantalla
scuba-diving el buceo
sea el mar
sea level el nivel del mar
season la estación, la temporada
sector el sector
security la seguridad
security system el sistema de seguridad
segment el segmento
segment segmentar
segmentation la segmentación
selection la selección
selective selectivo
self-service el autoservicio
sell despachar, vender
selling el despacho
seminar el seminario
seminary el seminario
send enviar, transmitir
send key el botón de emisión
sender el emisor, el transmisor
separate separar
service el servicio
servile servil
set fijar
set sail zarpar
settlement el arreglo; **(of an account)** la liquidación de cuenta
sex el sexo
shampoo el champú
share compartir, repartir
sheet (bed) la sábana
shift el turno
ship el barco

shoe shining la limpieza de calzado
short-term a corto plazo
show el espectáculo; la exposición
sign el letrero, el rótulo
sign firmar
signaling la señalización
signposting la señalización
silverware los cubiertos
simple sencillo
simplify simplificar
simultaneously simultáneamente
single-engine airplane el monomotor
situated ubicado
situation la ubicación; la situación
size el tamaño
skating el patinaje
ski el esquí
ski esquiar
sleeper el coche cama
sleeping car el coche cama
slip (filing) la ficha
small light la lucecita
smoke fumar
snorkeling el buceo
social social
society la sociedad
sojourn la estancia, la estadía
sommelier el escanciador
spa los baños
span el tramo
special especial
specialized especializado
specifically específicamente
spectacular espectacular
speech la conferencia, el discurso
speed la velocidad
speed dialing el discado abreviado
speed of sound la velocidad del sonido
spherical esférico
sports activities las actividades deportivas
stadium el estadio
stain la mancha
stain removal (removing) el quitamanchas
staircase (stairway) la escalera
standard of living el nivel de vida
star (for rating) la estrella
statistics la estadística

status   el status
stay   la estancia, la estadía
stay   quedarse
steamer   el vapor
steamship   el vapor
stereotype   el estéreotipo
stop   la escala
stop   hacer escala
storage bin   el almacén
store   la tienda
store   almacenar
straighten up   arreglar; **(an account)** contabilizar
strategy   la estrategia
stretch   el tramo
strict   estricto
strict regulation   el reglamento estricto
strong point   el punto fuerte
structure   la estructura
student discount   el descuento estudiantil
student identification   la identidad estudiantil
student identification (ID) card   la tarjeta de identidad estudiantil
students (pertaining to)   estudiantil
subscriber   el abonado
subsidy   el subsidio, la subvención
substitute   sustituir
substitution   la sustitución
suggest   sugerir
suitcase   la maleta
sum   la suma
summer   el verano
summer sports   los deportes de verano
summer vacation   las vacaciones de verano, el veraneo
summer vacationer   el (la) veraneante
summer(y)   veraniego
supersonic   supersónico
supersonic airplane   el avión supersónico
supervise   supervisar
supervision   la supervisión
supervisor   el supervisor
supplier   el proveedor
supply and demand   la oferta y demanda
surface   la superficie
surplus   el superávit
surround   rodear

surroundings   los alrededores
surveillance   la vigilancia
surveillance system   el sistema de vigilancia
survey   la encuesta
swimming   la natación
swimming pool   la piscina, la alberca
switchboard   la central telefónica, la centralita
switching   el cambio de vías
symbol   el símbolo
symphony   la sinfonía
system   el sistema

T

tablecloth   el mantel
tablespoon   la cuchara
take a cruise   hacer un crucero
take charge of   encargarse de, hacerse cargo de
take into account   tomar en cuenta
take off   despegar
take place   efectuarse
take time   durar
takeoff   el despegue
tap (telephone)   intervenir
tapping (telephone)   la intervención
tariff   el arancel
task   la tarea
taste   el sabor
tavern   la fonda, el mesón, la posada, la taberna
tax   el impuesto, el arancel
taxi   el taxi
teamwork   el trabajo de equipo
teaspoon   la cucharita
technician   el técnico
technique   la técnica
telecommunication   la telecomunicación
telecommunications network   la red de telecomunicaciones
telemarketing   el telemarketing
telephone   el teléfono
telephone booth   la cabina telefónica
telephone call   la llamada telefónica
telephone message   el mensaje telefónico
telephone network   la red telefónica
telephone operator   el (la) telefonista
telephone sales   las ventas por teléfono

telephone subscriber el abonado de
  teléfonos
telephonic telefónico
telephoto la telefoto
television la televisión
telex el télex
telex machine la máquina de télex
tennis el tenis
tennis court la cancha de tenis
tent la tienda
terminal el (la) terminal
terrestrial terrestre
territory el territorio
terrorist el (la) terrorista
terrorist attack el ataque de terroristas
theater el teatro
theater ticket la entrada al teatro
theft el hurto
thermal spa el baño termal
thief el ladrón
third-world country el país del tercer
  mundo
three-way conversation la conversación
  entre tres
thruway la autopista
time of the year la época del año
time zone el huso horario
timetable el horario
toast la tostada
toll el peaje
topography la topografía
total el monto
total total
tour el tour, la excursión
tour operator el operador de tours
tourism el turismo
tourist turístico
tourist excursion la excursión de turismo
tourist hotel el hotel turístico
tourist industry la industria de turismo
tourist office la oficina de turismo
tower la torre
track la vía, el carril
trade balance el balance comercial
traffic el tráfico
traffic jam el embotellamiento
trailer la caravana
train el tren
train formar

trained personnel el personal diestro
trampoline la trampolina
transatlantic transatlántico
transatlantic crossing la travesía
  transatlántica
transatlantic (ocean) liner el
  transatlántico
transatlantic voyage el viaje
  transatlántico
transmission la transmisión
transmit transmitir
transmitter el transmisor
transport el transporte
transport transportar
transportation el transporte
travel viajar
travel agency la agencia de viajes
travel agent el (la) agente de viajes
travel services los servicios de viajes
traveler el viajero
treaty el tratado
trip el viaje; **(distance covered)** el
  recorrido
tropical tropical
truck el camión
twin-engine plane el bimotor
type el tipo
type of clientele el tipo de clientela
type of room el tipo de habitación
typewriter la máquina de escribir

U

undesirables las personas indeseables
uniform el uniforme
unilateral unilateral
universal universal
university la universidad
unoccupied libre; vacío, desocupado
unpleasant desagradable
update poner al día
up-to-date al día, al corriente
urban urbano
urban center el centro urbano
use emplear, servirse de
user el usuario

V

vacancy rate la tasa de desocupación
vacant vacío, desocupado

vacate   evacuar
vacate the room   abandonar el cuarto
vacation   las vacaciones
vacation club   el club de vacaciones
valuables   los objetos de valor
value   el valor
variable   variable
varied   variado
variety   la variedad
vary   variar
vehicle   el vehículo
velocity   la velocidad
verify   verificar
video   el video
video meeting   la video reunión
view   la vista
vigilance   la vigilancia
villa   la villa
visa   la visa, el visado
visit   la visita
visit   visitar
visual   visual
voucher   el vale
vulnerable   vulnerable

W

waiter   el camarero, el mesero
waitress   la camarera
wake-up service   el servicio de despertador
wall   la pared
warehouse   el almacén
warship   el buque de guerra
wash   lavar

watch   vigilar
water skiing   el esquí acuático
water sports   los deportes acuáticos
way   el camino
weak point   el punto débil
weapon   el arma f
weekend   el fin de semana
weekend excursion (trip)   la excursión de fin de semana
welcome   dar la bienvenida, acoger
wheel   la rueda
wholesaler   el mayorista
wind sailing   la plancha de vela
wine cellar   la bodega
wine steward   el escanciador
winter (characteristic of)   invernal
wintry   invernal
word processor   el procesador de texto
world   el mundo
worry   la preocupación
worry   preocuparse
worthy   digno
written document   el documento escrito

Y

yacht   el yate
yield   rendir
youth   el (la) joven
youth hostel   el albergue de juventud

Z

zone   la zona; **(time)** el huso
zoo   el jardín zoológico

INDEX